Gärtnern mit der Natur

Jo Readman

Gesunde Gartenerde

Otto Maier Ravensburg

Die Deutsche Bibliothek – CIP-Einheitsaufnahme

Readman, Jo:
Gesunde Gartenerde / Jo Readman.
[Übers.: Thomas Gotterbarm]. –
Ravensburg: Maier, 1993
(Gärtnern mit der Natur)
Einheitssacht.: Soil <dt.>
ISBN 3-473-46145-8

4 3 2 1 96 95 94 93

Die englische Originalausgabe erschien erstmals 1991 bei
Search Press Ltd., Tunbridge Wells, Kent, Großbritannien
in Zusammenarbeit mit
The Henry Doubleday Research Association,
National Centre for Organic Gardening.

Fotos: Charlotte de la Bedoyère
Illustrationen: Polly Pinder
Übersetzung: Thomas Gotterbarm
Fachliche Beratung: Udo Tschimmel
Umschlaggestaltung: Ekkehard Drechsel BDG
Titelfotos: Ernst Fesseler (großes Bild)
und Charlotte de la Bedoyère,
Satz: Fotosatz Ruderer, Grünkraut
Gesamtherstellung: Himmer, Augsburg
Printed in Germany

Gedruckt auf chorfrei gebleichtem Papier

ISBN 3-473-46145-8

Einleitung

Die Erde unter unseren Füßen ist von komplexer Struktur. Sie besteht aus lockerem Verwitterungsmaterial, welches sich aus dem darunterliegenden Ausgangsgestein durch physikalische, chemische und biologische Prozesse über Jahrtausende hinweg gebildet hat. Doch erst die Besiedlung mit Myriarden teilweise winziger bodenlebender Organismen macht die Bedeutung des Bodens als hochkomplexes Ökosystem aus. Erst sie schaffen gemeinsam die Bedingungen, unter denen Pflanzen wachsen und gedeihen können. Um zu leben und zu atmen, um Wasser und Nährstoffe aufzunehmen, müssen die Pflanzenwurzeln tief in den Boden hineindringen und sich dort verankern. Die Bodenlebewesen verarbeiten pflanzliche und tierische Abfallstoffe (organische Substanz) zu Nährstoffen, die nun wiederum von den Pflanzen aufgenommen werden können. Außerdem geben sie dem Boden mit Hilfe dieser organischen Bestandteile eine Struktur; so schaffen sie einen Lebensraum, der ihnen selbst und den Pflanzenwurzeln sowohl Wachstum als auch Versorgung mit Luft und Wasser gewährleistet.

Offensichtlich hat die Natur also schon für alles gesorgt. Warum sollte man den Boden dann überhaupt noch bearbeiten? Eine Reihe von Gründen spricht dafür. Vielleicht möchten Sie in Ihrem Garten eine größere Pflanzenvielfalt haben, als es die Natur für diese bestimmte Bodenart vorgesehen hat. Oder vielleicht haben Sie dem Boden durch den Anbau von Gemüse oder durch achtloses Wegwerfen von Rasen- und Zierpflanzenabfällen wichtige Nährstoffe entzogen. Viele Gärtner versuchen, derartige Störungen des Bodens durch den Einsatz von sogenanntem Kunstdünger zu beheben. Der biologisch wirtschaftende Gärtner hingegen unterstützt die kleinen Bodenlebewesen, indem er sie mit Nährstoffen aus kompostiertem organischem Material versorgt. Als Gegenleistung erhält er einen gesunden, ökologisch intakten Boden, auf dem die Pflanzen ausgezeichnet gedeihen können.

Ganz gleich, wie groß Ihr Garten ist oder der Boden beschaffen sein mag – in diesem Buch erfahren Sie, wie Sie Gartenerde besser verstehen lernen und mit ihr arbeiten können.

Leben im Boden

Die Arbeiter im Untergrund

Um die Bedeutung der im Boden lebenden Organismen zu erkennen, sollten Sie sie sich vor Augen halten, daß deren Lebendgewicht pro m^2 Gartenerde immerhin 700 g (bezogen auf die obersten 30 cm) beträgt.

Regenwürmer – die unermüdlichen Helfer

Kein Zweifel: Der Star der Bodenwelt ist der Regenwurm. Er frißt mineralische und organische Stoffe, die er dann in seinem Darm miteinander vermischt und als Reste in Form stabiler Ton-Humus-Komplexe als Kot wieder ausscheidet. Während er sich durch den Boden hindurcharbeitet, hinterläßt der Wurm Gänge, die die Versorgung des Bodens mit Luft und Wasser verbessern und die Durchwurzelung erleichtern. Jeden Tag produziert ein einzelner Wurm sein eigenes Körpergewicht an nährstoffreichen Kotkrümeln, in denen wichtige Pflanzennährstoffe wie Stickstoff, Phosphor, Kalium, Magnesium und Calcium angereichert sind. Diese Kothäufchen, die durch Schleimstoffe und Kalk zusammengehalten werden, verbessern zusätzlich die innere Struktur des Bodens. In den oberen 30 cm eines 1000 m^2 großen Gartens können etwa 25 000 Regenwürmer leben und unterirdische Gänge von insgesamt 4,5 km Länge graben.

Würmer fühlen sich besonders wohl, wenn:

- Der Boden einen pH-Wert von 6,5 hat;
- im Frühjahr und Herbst reichlich stickstoffhaltige Substanz in Form von Kompost beigemengt wird;
- der Boden im Winter mit einer Mulchschicht aus zerkleinerten organischen Abfällen abgedeckt ist;
- der Boden im Herbst und im Frühjahr so wenig wie möglich bearbeitet wird, denn in diesen beiden Jahreszeiten sind die Würmer besonders in den oberen Bodenschichten aktiv.

2fache Vergrößerung

Laufkäfer, die gefräßigen Jäger

Viele Lebewesen geben dem Boden entzogene Nährstoffe zurück, indem sie beispielsweise Schädlinge vertilgen und verdauen. Hierzu gehören auch die Laufkäfer. Sie sind zwar nachtaktiv, doch kann man sie tagsüber unter Steinen oder Streu entdecken, wo sie ihre Beute finden, zu der auch die Nacktschnecken zählen. Die Käfer fühlen sich am wohlsten, wenn ihnen eine dichte Bodenbedeckung zur Verfügung steht, in deren Schutz sie ungestört leben können.

Natürlich gibt es noch viel mehr bodenlebende Organismen, als hier beschrieben werden können, von Einzellern bis hin zu großen grabenden Säugetieren wie

Kaninchen, Mäusen und Maulwürfen. Doch selbst die lästigen Maulwürfe bringen Vorteile: Wenn man den von ihnen aufgeworfenen Boden mit Lauberde (kompostierten Blättern) vermischt, erhält man einen ausgezeichneten Kompost für Sämlinge.

Sollten Sie mehr über die Kleinlebewesen Ihres Gartens erfahren wollen, dann bringen Sie doch einmal eine Falle in Ihrem Garten aus: ein in die Erde eingelassenes Glas, eine ausgehöhlte Kartoffel oder eine Möhre. Die Tabelle auf der folgenden Seite verrät Ihnen, wer Ihnen in die Falle gegangen ist - Freund oder Feind.

5fache Vergrößerung

Springschwänze

Ein wichtiges Bodentier ist der weit verbreitete Springschwanz, ein urtümliches, flügelloses Insekt. Erschrekken Sie nicht, wenn Sie mit Erde oder Kompost arbeiten und diese kleinen, graubraunen Tierchen heraushüpfen. Springschwänze verwerten pflanzliche Stoffe und spielen somit eine wichtige Rolle im Haushalt der Natur.

Die unsichtbaren Bewohner

Pilze und Bakterien werden meistens mit Pflanzenkrankheiten wie Schorf, Braunfäule und Kohlhernie in Verbindung gebracht. Doch sind die meisten dieser kleinen Organismen für einen gesunden Boden lebenswichtig. Bakterien sind so winzig, daß in dem Punkt am Ende dieses Satzes bequem eine Viertelmillion von ihnen Platz fänden. In einem Teelöffel Erde leben mehr Mikroben, als Menschen auf dem Planeten! Zwar bleiben die Winzlinge für das Auge unsichtbar, doch zumindest kann man das Resultat ihrer Arbeit riechen. So zersetzen Strahlenpilze oder Actinomyceten - eine Bakterienart - organische Stoffe und verleihen der Erde ihren typischen Geruch. Viele Mikroorganismen besitzen eine klebrige Hülle, die die krümelige Struktur der Erde fördert, andere wiederum produzieren Stickstoffdünger.

Auch Pilze verfügen über interessante Eigenschaften. Einige zersetzen Holz, andere schließen Nährstoffe sogar in sauren Böden auf. Ein besonders „einfallsreicher" Pilz krümmt seinen fadenförmigen Körper zu Lassoschlingen, in denen er schädliche Fadenwürmer fängt. Andere Pilze wiederum leben in enger Gemeinschaft mit Pflanzenwurzeln (Mykorrhiza). Sie ermöglichen ihnen die Aufnahme von Wasser, Mineralien und Nährstoffen, schützen sie vor Krankheiten und fördern ihr Wachstum durch die Absonderung natürlicher Wachstumshormone. Als Gegenleistung erhalten sie von der Pflanze energiereiche Zucker und Vitamine.

Sie können diese unentbehrlichen Mikroorganismen unterstützen, indem Sie beispielsweise Kompost in Ihrem Garten ausbringen.

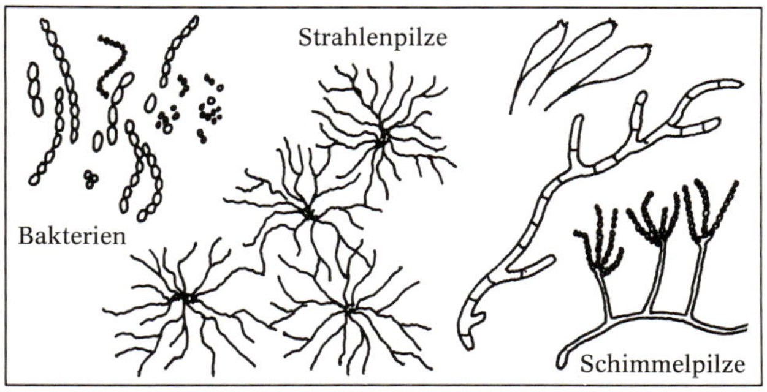

Pflanzenwurzeln

Pflanzen gehören zu den wichtigsten Bestandteilen der Lebensgemeinschaft im Boden. Die meisten verankern sich mit Wurzeln im Boden; mit ihren Wurzelhaaren - dünnen Fortsätzen oberhalb der Wurzelspitze - nehmen sie Wasser und Nährstoffe auf. Wurzeln sind für einen intakten Boden unerläßlich, denn sie:

- brechen Gestein auf und helfen bei der Bodenbildung;
- sondern Substanzen ab, die Mineralstoffe im Boden zersetzen und dadurch anderen Pflanzen verfügbar machen;
- vermehren beim Absterben den Anteil des organischen Materials im Boden;
- halten die Bodenpartikel zusammen;
- schaffen Kanäle für Luft und Wasser.

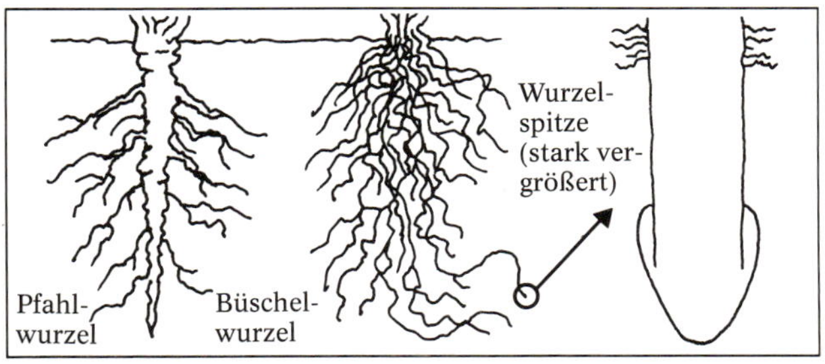

Freund oder Feind?

	NAME	FREUND	FEIND	ERLÄUTERUNG
	**Regenwürmer**	●		schließen Nährstoffe auf, verbessern die Bodenstruktur
	**Topfwürmer (Enchyträen)**	●		schließen Nährstoffe auf, weisen auf einen nassen Boden hin
	**Fadenwürmer**	●	●	schließen Nährstoffe auf. Einige sind Schädlinge, andere Schädlingsvertilger
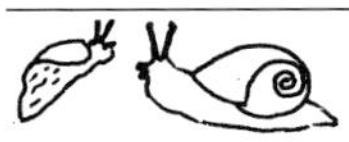	**Gehäuse- und Nacktschnecken**	●	●	fressen Gartenpflanzen und verrottende Pflanzenteile
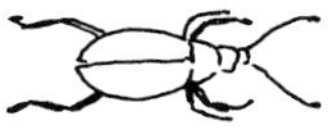	**Laufkäfer**	●		fressen Schädlinge wie z. B. Nacktschnecken
	**Käferlarven**	●	●	Einige Arten fressen Schädlinge, andere erbeuten Regenwürmer oder schädigen Nutzpflanzen (z. B. Drahtwürmer)
	**Erdraupen**		●	Bodenlebende Raupen des Eulenfalters, die Pflanzen und Wurzeln anfressen
	**Fliegenlarven**	●	●	schließen Nährstoffe auf. Einige sind Schädlinge, z. B. die Möhrenfliege
	**Springschwänze**	●		schließen Nährstoffe auf
	**Zwergfüßer (Symphiden)**	●		schließen Nährstoffe auf. Einige fressen Sämlinge
	**Borstenschwänze**	●	●	schließen Nährstoffe auf
	**Urinsekten allg.**	●		schließen Nährstoffe auf
	**Ameisen**	●	●	verbessern die Bodenstruktur, verbreiten Samen, nisten in Pflanzenwurzeln und können die Verbreitung von Blattläusen fördern
	**Asseln**	●	●	schließen Nährstoffe auf
	**Hundertfüßer**	●		fressen Schädlinge
	**Tausendfüßer**	●	●	schließen Nährstoffe auf. Fressen an verschiedenen Wurzelgemüsen
	**Spinnen**	●		beseitigen Schädlinge
	**Milben**	●	●	schließen Nährstoffe auf, vertilgen Schädlinge und Nützlinge. Einige Arten befallen Gemüse
	**Afterskorpione**	●		schließen Nährstoffe auf, fressen Schädlinge
	**Bakterien und Pilze**	●	●	schließen Nährstoffe auf, strukturieren den Boden. Einige Arten sind Krankheitserreger

Nährstoffkreisläufe im Garten

Die lebenswichtigen Elemente und Nährstoffe stehen nicht in unbegrenzter Menge zur Verfügung und sind zu kostbar, als daß sie verschwendet werden könnten. In der Natur werden sie daher ständig recycelt und in Kreisläufe eingebunden. Zwei Elemente sind dabei von besonderer Bedeutung: Kohlenstoff und Stickstoff.

Der Kohlenstoffkreislauf

Kohlenstoff ist ein wesentlicher strukturbildender Bestandteil aller Organismen. Pflanzen sind in der Lage, mit Hilfe der Photosynthese energiereiche Kohlenstoffverbindungen in Form von Zucker zu bilden. Hierzu benötigen sie lediglich Sonnenenergie, Wasser und Kohlendioxid aus der Luft. Als „Abfallprodukt" fällt dabei Sauerstoff an. Die Pflanzen stellen damit eine wichtige Nahrungsgrundlage für das Leben auf der Erde dar. Alle anderen Lebewesen, die nicht in der Lage sind, energiereiche Verbindungen selbst herzustellen, gewinnen ihre Energie aus der Verbrennung (Atmung) von energiereichen Kohlenstoffverbindungen, die sie über die Nahrung aufnehmen. Dabei entsteht wiederum Kohlendioxid, welches in die Atmosphäre abgegeben wird. Eine besondere Bedeutung kommt totem, kohlenstoffhaltigem organischem Material zu, das die Nahrungsgrundlage für eine Vielzahl von Organismen darstellt.

DER KOHLENSTOFF-KREISLAUF

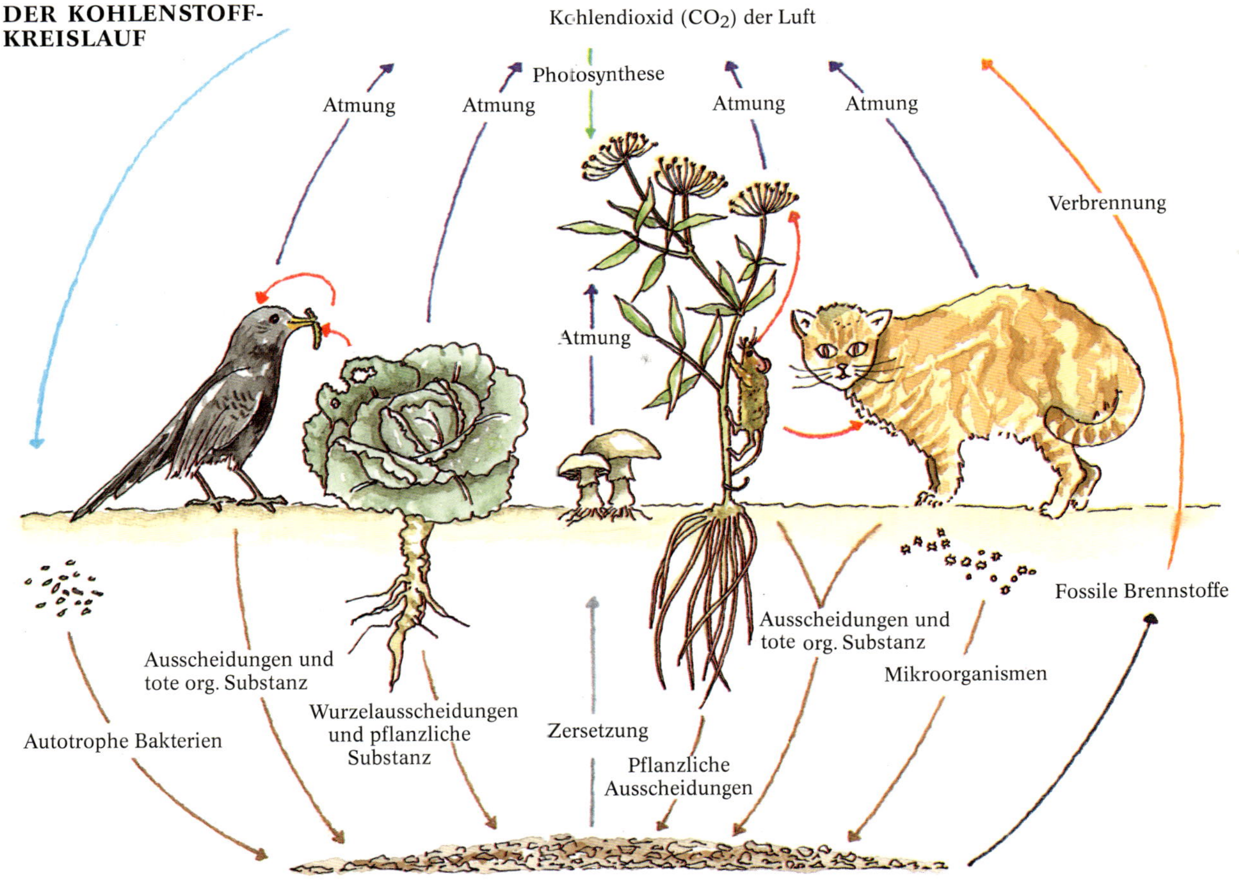

Photosynthese
Kohlendioxid + Wasser + Lichtenergie → Zucker + Wasser + Sauerstoff
$6\ CO_2 + 12\ H_2O \rightarrow C_6H_{12}O_6 + 6\ H_2O + 6\ O_2$

Atmung
Zucker + Wasser + Sauerstoff → Kohlendioxid + Wasser + Energie
$C_5H_{12}O6 + 6\ H_2O + 6\ O_2 \rightarrow 6\ CO_2 + 12\ H_2O$ + Energie

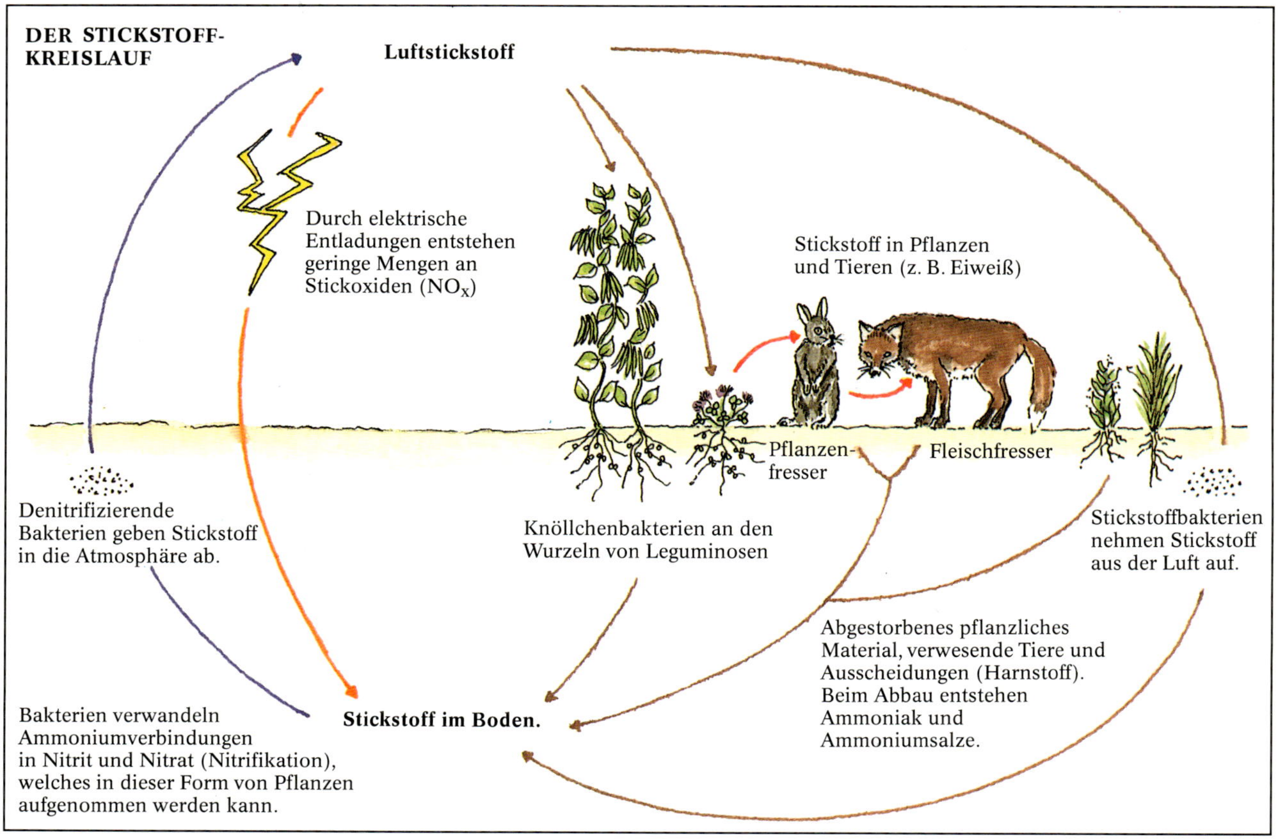

Der Stickstoffkreislauf

Die Luft besteht zwar zu 78 % aus gasförmigem Stickstoff, doch können Pflanzen ihn in dieser Form nicht nutzen; sie müssen ihn vielmehr als Stickoxid (z. B. Nitrat) über ihre Wurzeln aufnehmen. Im chemisch gedüngten Garten kommt das Nitrat aus der Tüte, naturgemäß arbeitende Gärtner hingegen unterstützen die Arbeit der Bodenlebewesen. Dabei sind die stickstoffsammelnden Bakterien (Knöllchenbakterien) von besonderer Bedeutung, denn sie können elementaren Luftstickstoff direkt nutzen und verwenden ihn zum Aufbau von körpereigenem Eiweiß. Diese Bakterien sitzen in den Knöllchen an den Wurzeln von Hülsenfrüchtlern (Leguminosen). Die Bakterien stellen den Pflanzen Eiweiße zur Verfügung und erhalten dafür als Gegenleistung Energie in Form von Kohlenhydraten.

Überall im Garten können Sie Stickstoff auf natürliche Art anreichern – säen Sie Erbsen und Bohnen ins Gemüsebeet, Lupinen und Wicken ins Blumenbeet und Klee in den Rasen. Andere stickstoffbindende Organismen der Gattung Azotobakter leben überall frei im Boden und im Kompost. Nach dem Absterben von Organismen bildet sich bei der Verwesung mit Hilfe von Fäulnisbakterien Ammonium (NH_4^+), welches auf dem Weg der sogenannten Nitrifikation zu Stickoxid umgewandelt wird. Dieses stellt die wichtigste Stickstoffquelle für Pflanzen dar.

Mikroorganismen sind, wie wir auch, auf Proteine als Stickstoffquelle angewiesen. Diese entnehmen sie toter organischer Substanz. Ist die Zusammensetzung dieser Substanz ungünstig, verwerten sie Stickstoff aus dem Boden – und plündern damit die Stickstoffvorräte der Pflanzen. Deshalb gilt: Beim Kompostieren von Stroh oder Ästen sollte man stickstoffreiche Substanzen hinzufügen. Wenn Sie Ihren Garten dann mit dem Kompost düngen, so haben diese Bakterien ihr Eiweiß bereits hergestellt, welches nach ihrem Absterben wieder in Stickoxide umgewandelt wird.

Tips zur Unterstützung der Mikroorganismen

- Setzen Sie Kompost an.
- Sorgen Sie für eine gute Bodenstruktur und achten Sie auf ausreichende Durchlüftung und Bewässerung des Bodens.
- Optimieren Sie den pH-Wert Ihrer Gartenerde.
- Bauen Sie möglichst viele verschiedene Pflanzen und Hülsenfrüchte an.
- Bedecken Sie den Boden mit Mulch.
- Halten Sie den Boden warm; Bodenleben gedeiht am besten bei Temperaturen über 6 °C.

Was ist Erde?

Das Wort „Erde“ hat viele verschiedene Bedeutungen. Einerseits ist Erde die Substanz, die den Pflanzen Nährstoffe und Halt gibt. Andererseits ist sie die Heimat für Bodenorganismen, die die Pflanzen mit fast allem versorgen, was sie brauchen. Gartenerde ist von sehr komplexer Struktur, deren Bestandteile im Verbund wirken. Hinzu kommt, daß es sehr unterschiedliche Bodenarten gibt: schwere Böden und leichte, feuchte und trockene, saure und alkalische. Doch jede Bodenart hat ihre spezifischen Vor- und Nachteile.

Ein Klumpen Erde besteht etwa zur Hälfte aus Mineralstoffen (die anorganische Substanz aus der Gesteinsverwitterung) und Humus (die organische Substanz aus toten Pflanzen und Tieren). Die anderen 50 % werden von Poren eingenommen, die entweder mit Bodenluft oder Wasser gefüllt sind. Wieviel Luft und Wasser in der Erde ist, hängt sowohl von ihrer Beschaffenheit ab, als auch von der Jahreszeit – doch der wechselnde Anteil beider Elemente ist ein wichtiges Charakteristikum für die jeweilige Bodenart und unerläßlich für das Wohlergehen des Bodens und seiner Bewohner.

Brennessel *(Urtica dioica)*

Die Bodenoberfläche

Unabhängig davon, ob Sie einen bereits bestehenden Garten übernehmen oder einen naturgemäßen Garten neu anlegen wollen, sollten Sie als erstes überprüfen, wie der Boden beschaffen ist. Hierzu müssen Sie weder Spaten noch Schaufel in die Hand nehmen, noch chemische Analysen durchführen. Betrachten Sie nur die Wildpflanzen in Ihrem Garten. Sie geben Aufschluß über wichtige Eigenschaften des jeweiligen Bodens und dienen als Zeigerpflanzen für beispielsweise Stickstoff, Feuchtigkeit und pH-Wert.

Brennessel *(Urtica dioica)*
Brennesseln zeigen einen stickstoffreichen, fruchtbaren Boden an. Sie können auch ein Hinweis auf Überdüngung sein. Oft wachsen sie auf alten Kompostplätzen, unter denen der Boden reich an Humus ist.

Vogelmiere *(Stellaria media)*

Vogelmiere *(Stellaria media)*
Auch Vogelmiere ist ein Hinweis auf nährstoff- und humusreichen Boden. Wenn Sie Ihren Garten von dieser Pflanze befreien müssen, dann trösten Sie sich mit dem Gedanken, daß die Nährstoffzusammensetzung Ihres Bodens optimal ist.

Zaunwicke *(Vicia sepium)*

Nelken

Klee

Huflattich *(Tussilago farfara)*

Acker-Schachtelhalm *(Equisetum arvense)*

Zeigerpflanzen in Garten, Feld und Wiese

Feuchtigkeit des Bodens

trocken:
Sommer-Adonisröschen *(Adonis aestivalis)*
Skabiosen-Flockenblume *(Centaurea scabiosa)*
Gemeines Sonnenröschen *(Helianthemum nummularium)*
Knolliger Hahnenfuß *(Ranunculus bulbosus)*
Kleiner Wiesenknopf *(Sanguisorba minor)*

frisch:
Kriechender Günsel *(Ajuga reptans)*
Gemeiner Frauenmantel *(Alchemilla vulgaris)*
Knoblauchsrauke *(Alliaria petiolata)*
Gemeiner Beifuß *(Artemisia vulgaris)*
Wiesen-Glockenblume *(Campanula patula)*
Echte Kratzdistel *(Cirsium vulgare)*
Knäuelgras *(Dactylis glomerata)*
Acker-Schachtelhalm *(Equisetum arvense)*
Weißes Labkraut *(Galium album)*
Weiße Taubnessel *(Lamium album)*
Rote Taubnessel *(Lamium purpureum)*
Echte Kamille *(Matricaria chamomilla)*
Acker-Vergißmeinnicht *(Myosotis arvense)*
Klatschmohn *(Papver rhoeas)*
Einjähriges Rispengras *(Poa annua)*
Hirtentäschelkraut *(Capsella bursa-pastoris)*
Große Brennessel *(Urtica dioica)*
Acker-Ehrenpreis *(Veronica arvense)*
Faden-Ehrenpreis *(Veronica filiformis)*
Persischer Ehrenpreis *(Veronica persica)*
Vogelwicke *(Vicia cracca)*
Zaunwicke *(Vicia sepium)*

feucht:
Wiesenschaumkraut *(Cardamine pratensis)*
Großes Springkraut *(Impatiens noli-tangere)*
Scharbockskraut *(Ranunculus ficaria)*
Kriechender Hahnenfuß *(Ranunculus repens)*
Großer Wiesenknopf *(Sanguisorba officinalis)*

Säuregrad des Bodens

sauer:
Acker-Hundskamille *(Anthemis arvensis)*
Kleiner Sauerampfer *(Rumex acetosella)*
Acker-Spörgel *(Spergula arvensis)*

mäßig sauer:
Echte Kamille *(Matricaria chamomilla)*
Faden-Ehrenpreis *(Veronica filiformis)*
Efeublättriger Ehrenpreis *(Veronica hederifolia)*

basen- und kalkhaltig:
Sommer-Adonisröschen *(Adonis aestivalis)*
Skabiosen-Flockenblume *(Centaurea scabiosa)*
Deutscher Enzian *(Gentiana germanica)*
Wiesen-Storchschnabel *(Geranium pratense)*
Kleiner Wiesenknopf *(Sanguisorba minor)*
Tauben-Skabiose *(Scabiosa columbaria)*
Huflattich *(Tussilago farfara)*

Stickstoff- bzw. Nährstoffgehalt des Bodens

stickstoffarm:
Rundblättrige Glockenblume *(Campanula rotundifolia)*
Skabiosen-Flockenblume *(Centaurea scabiosa)*
Acker-Schachtelhalm *(Equisetum arvense)*
Echtes Labkraut *(Galium verum)*
Deutscher Enzian *(Gentiana germanica)*
Gemeines Sonnenröschen *(Helianthemum nummularium)*
Kleines Habichtskraut *(Hieracium pilosella)*
Wiesen-Knautie *(Knautia arvensis)*
Knolliger Hahnenfuß *(Ranunculus bulbosus)*
Kleiner Sauerampfer *(Rumex acetosella)*
Kleiner Wiesenknopf *(Sanguisorba minor)*
Großer Wiesenknopf *(Sanguisorba officinalis)*
Körner-Steinbrech *(Saxifraga granulata)*
Tauben-Skabiose *(Scabiosa columbaria)*
Margerite *(Chrysanthemum leucanthemum)*

mäßig stickstoffreich:
Schafgarbe *(Achillea millefolium)*
Kriechender Günsel *(Ajuga reptans)*
Gemeiner Frauenmantel *(Alchemilla vulgaris)*
Acker-Hundskamille *(Anthemis arvensis)*
Gänseblümchen *(Bellis perennis)*
Hirtentäschelkraut *(Capsella bursa-pastoris)*
Weißer Gänsefuß *(Chenopodium album)*
Acker-Kratzdistel *(Cirsium arvense)*
Wiesen-Pippau *(Crepis biennis)*
Knäuelgras *(Dactylis glomerata)*
Ruprechtskraut *(Geranium robertianum)*
Großes Springkraut *(Impatiens noli-tangere)*
Echte Kamille *(Matricaria chamomilla)*
Klatschmohn *(Papaver rhoeas)*
Scharbockskraut *(Ranunculus ficaria)*
Großer Sauerampfer *(Rumex acetosa)*
Gemeiner Löwenzahn *(Taraxacum officinale)*
Huflattich *(Tussilago farfara)*
Zaunwicke *(Vicia sepium)*

stickstoffreich:
Knoblauchsrauke *(Alliaria petiolata)*
Gemeiner Beifuß *(Artemisia vulgaris)*
Echte Kratzdistel *(Cirsium vulgare)*
Kleblabkraut *(Galium aparine)*
Weiße Taubnessel *(Lamium album)*
Rote Lichtnelke *(Melandrium rubrum)*
Einjähriges Rispengras *(Poa annua)*
Stumpfblättriger Ampfer *(Rumex obstetifolius)*
Große Brennessel *(Urtica dioica)*

Das Bodenprofil

Auch wenn bereits die Oberfläche und der Bewuchs des Bodens viel verraten, so lohnt sich doch ein Blick in den Untergrund. Der Boden setzt sich aus verschiedenen Zonen zusammen – den sogenannten Bodenhorizonten –, die alle für das Wachstum der Pflanzen eine wichtige Rolle spielen. Aus dem Profil des Bodens – der Abfolge der einzelnen Horizonte – kann man sogar ablesen, wie der Boden bearbeitet werden muß. Am Profil erkennt man außerdem den Aufbau des Bodens, seine Tiefe, sein Grundgestein sowie das Vermögen, Wasser abzuführen oder zu speichern.

Das Bodenprofil: ein Überblick
Man unterscheidet drei Bodenhorizonte, die mit den Buchstaben A, B und C bezeichnet werden: die Humusschicht oder den Oberboden, den mineralischen Unterboden und das Grundgestein.

A

- Die Humusschicht ist dunkelbraum bis schwarz gefärbt, besteht aus unterschiedlich stark zersetztem organischem Material.
- Sie ist etwa 10–60 cm dick.
- Hier finden Pflanzenwurzeln und Bodenorganismen die meisten Nährstoffe.
- Humus ist die biologisch aktive Schicht, in der unter anderem Stickstoff von Bakterien gebunden wird.

B

- Die Mineralschicht, der Unterboden, besteht aus verwitterter, lehmiger, toniger oder sandiger Gesteinsmasse.
- Hier finden sich weniger Wurzeln und Organismen.
- In diesem Bereich lagern große Reserven an natürlichen Mineralstoffen wie z. B. Eisen- und Aluminiumoxid.

C

- Das Grundgestein ist schwach verwittertes bis unverwittertes Material, aus dem die darüberliegenden Horizonte hervorgegangen sind.
- Es besteht aus einer von vielen möglichen Gesteinsarten, wie Kalk, Granit und Sandstein, aus eiszeitlichen oder jüngeren, durch Wasser geschaffenen Ablagerungen.

Wie man ein Profil gräbt

Wenn Sie Ihren Boden genauer untersuchen wollen, dann graben Sie in Ihrem Garten ein möglichst tiefes Loch mit einer Fläche von ca. 1 m^2, und zwar in einiger Entfernung von Bäumen und Gebäuden. Als erstes wird der Bodenbewuchs entfernt, dann der Oberboden abgehoben und schließlich der Unterboden. Legen Sie die ausgehobenen Schichten auf eine Plastikplane; so können Sie das Loch in der richtigen Reihenfolge wieder auffüllen. Graben Sie bis in eine Tiefe von etwa 1,5 m und glätten Sie anschließend mit einer Gartenkelle die frische Profilwand.

Was man am Bodenprofil ablesen kann

OBERBODEN (HUMUSSCHICHT)

Farbe	Bedeutung
dunkelbraun bis schwarz	reich an organischem Material
graubraun	schlechte Entwässerung; eventuell eine Podsolschicht (s. S. 13) mit niedrigem pH-Wert
braun	reichhaltiges Bodenleben, ausgeprägter Nährstoffkreislauf, gute Entwässerung

MINERALISCHER UNTERBODEN

Farbe	Bedeutung
grau	nasser oder versauerter Boden, nährstoffarm
blau, grün, grau und orange gesprenkelt	Staunässe zu bestimmten Jahreszeiten
einheitlich braun	gut entwässert und belüftet
rot	Die Farbe hängt mit dem Grundgestein zusammen. Bei einheitlicher Färbung ist der Boden gut durchlüftet.

Das Grundgestein

Das tiefliegende Gestein zerfällt durch Verwitterungsprozesse und wird so für die Bodenbildung aufgeschlossen. In Abhängigkeit vom Ausgangsmaterial varriiert die Zusammensetzung des Unterbodens und damit das Nährstoffangebot für die Pflanzen. Die wichtigsten mineralischen Komponenten sind Siliciumdioxid, der Hauptbestandteil vieler Gesteine, Aluminium, Eisen, Calcium, Natrium, Kalium und Magnesium.

Die häufigsten Bodentypen

NAME	BESCHREIBUNG	HERKUNFT	ERLÄUTERUNG/MASSNAHMEN
Braunerde	Humusreicher, krümeliger Mutterboden. Leichterer Unterboden (stärker verdichtet, doch nur wenige Spalten). Farbe: braun / gelb / rot aufgrund frei gewordener und oxidierter Eisenverbindungen. Tief durchwurzelt. Viele Würmer. Leicht sauer.	Entstand unter warmen, eher trockenen und für das Wachstum von Laubwäldern günstigen Bedingungen.	Hervorragender Gartenboden. ● Braunerde enthält viel Tonminerale, bauen Sie daher nicht zu viele Pflanzen an, da sonst kein Wasser in den Boden eindringen kann.
Gley	Humusreicher Oberboden, leichterer Unterboden, rostbraun (wenn trocken) oder blau/grau gesprenkelt (wenn luftarm). Grundgestein leicht tonhaltig. Flach durchwurzelt. Wenig Würmer. Bei Staunässe riechen die Böden nach faulen Eiern.	Naß durch gestautes Oberflächenwasser oder Grundwasserkontakt.	Potentiell fruchtbar, doch Gefahr von Staunässe. ● Kompost einarbeiten, um die Struktur zu verbessern. ● Zur Durchlüftung gut auflockern. ● Muß unter Umständen drainiert werden.
Podsol	Dünne, schwarze Oberfläche, darunter aschgrau bis weiß. Der Unterboden ist oft rostbraun und stark verdichtet. Wenige Würmer. Nährstoffarm. Sauer.	Entsteht über Sand oder Sandstein und findet sich unter Heide- oder Waldland, häufig in Norddeutschland.	Unfruchtbarer Boden. Leicht aufzulockern. Der Unterboden ist aschefarben, wenn er durchmengt wird. ● Kompostieren, um Nährstoffe anzureichern. ● Mulchen, um Auslaugen zu verhindern. ● Zur Erhöhung des pH-Werts Kalk hinzugeben. ● Verdichtete Bodenschollen aufbrechen.
Kalkboden (Rendzina)	Dünner, dunkler Oberboden, der scharf gegen das Ausgangsmaterial – oft Kalkgestein – abgesetzt ist. Wasser versickert rasch.	Auf Kalkgestein entstanden.	Alkalisch; deshalb sind viele Nährstoffe für die Pflanzen nicht verfügbar. Gut für kalkliebende Pflanzen. ● Oberboden mit Kompost und Gründünger verstärken. Verhindert Austrocknen der Pflanzen, liefert Nährstoffe, neutralisiert den pH-Wert des Bodens.
Moorige Böden	Humusreiche, dunkelbraune bis schwarze Böden, sehr hoher Anteil an organischer Substanz, nährstoffarm und sehr sauer (pH-Wert 2,5–6,5).	*Moor* Aus den Rückständen von Riedgras, Heidekraut und Moos entstanden, die in feuchten Böden langsam zersetzt werden und dadurch sauren Torf bilden. *Niedermoor* Aus den Rückständen von Schilf, Binsen und Riedgras an den Ufern langsam fließender Gewässer, am Rande verlandeter Seen und in Geländesenken entstanden.	Unfruchtbar. Muß drainiert werden; der pH-Wert muß durch jährliche Kalkung (mit kohlensaurem Kalk oder Algenkalk) von ca. 150–200 g/m^2, Komposterde oberflächlich eingearbeitet werden. Hervorragender Boden, reich an organischem Material und verfügbarem Stickstoff. Benötigt eventuell phosphat- und kaliumhaltigen Kompost.

Generell gilt:
Oberboden läßt sich durch Kompost und Gründünger verbessern. Der Unterboden hingegen ist wichtig für die Entwässerung. In einen zu leichten und lockeren Unterboden kann man organisches Material wie Komposterde einarbeiten, damit er mehr Wasser speichert. Schwere Tonböden lassen sich verbessern, indem man sie drainiert oder auflockert. Auch organisches Material, Algenkalk (auf sauren Böden) und Gesteinsmehl (auf neutralen / alkalischen Böden) können helfen, eine Krümelstruktur zu bilden.

Woraus besteht der Boden?

Minerale – die Grundsubstanz des Bodens

In einem Bodenprofil befinden sich mineralische Bodenteilchen von unterschiedlicher Korngröße, die in drei Klassen eingeteilt werden: Sand, Schluff und Ton. Die Feinstruktur des Bodens hängt zum großen Teil von den Korngrößen dieser Mineralstoffe und ihren jeweiligen Anteilen ab.

Die Struktur entsteht während der Bodenbildung und ändert sich im Lauf eines menschlichen Lebens kaum. Man mag einen Boden noch soviel bearbeiten: die Bodenart – Sandboden oder Tonboden – bleibt dieselbe. Obwohl die Bodenmineralien meist mit organischem Material, Luft und Wasser vermengt sind, ist es hauptsächlich die Korngröße der einzelnen Bestandteile, die das Pflanzenwachstum beeinflußt. Jede Bodenart hat ihre Vor- und Nachteile und Besonderheiten. Welchen Gartenboden Sie haben, läßt sich mit Hilfe einfacher Tests herausfinden.

Von der Bodenstruktur hängt ab:

- der geeignete Zeitpunkt und die mögliche Art der Bodenbearbeitung;
- das Speichervermögen des Bodens für Nährstoffe;
- das Wasserspeichervermögen des Bodens;
- wieviel Porenraum für Luft und Wasser zur Verfügung steht;
- die Bodentemperatur;
- die Erosionsgefährdung;
- welche Pflanzen am besten auf ihm wachsen.

Die mineralischen Bestandteile des Bodens werden je nach Korngröße in drei Klassen unterteilt. Als Steine werden fest verbundene Mineralgemenge mit einem Durchmesser von mehr als 2 mm bezeichnet.

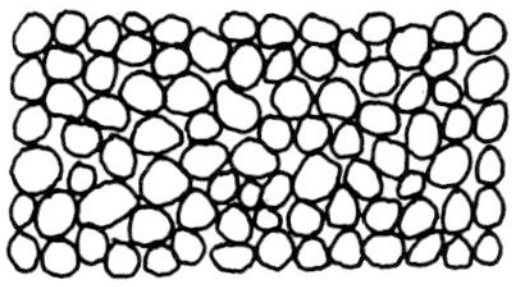

Sand Partikel mit einer Korngröße von 0,06 bis 2 mm. Mit bloßem Auge zu erkennen; besteht meist aus Quarz.

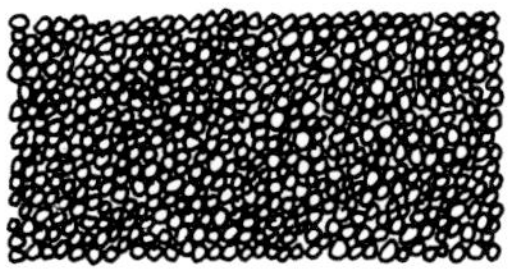

Schluff Die Korngröße liegt zwischen 0,002 und 0,06 mm. Die Teilchen sind nur unter dem Mikroskop zu erkennen.

Ton Korngröße kleiner als 0,002 mm. Die flachen, plättchenartigen Teilchen sind nur unter dem Elektronenmikroskop sichtbar.

Die meisten Böden enthalten eine Mischung dieser Teilchen; ist die Mischung der unterschiedlichsten Korngrößen einigermaßen ausgewogen, handelt es sich um Lehm- oder Lößböden. Da sie alle Merkmale der obengenannten Böden in sich vereinigen, fühlen sie sich nicht ausgeprägt grobkörnig, samtig oder schmierig an. Ein tonhaltiger Lehmboden enthält mehr Ton, ein sandiger Lehmboden mehr Sand, und ein mittlerer Lehmboden besteht zu 50 % aus Sand und zu 50 % aus Schluff und Ton. Tonböden werden als „schwer" bezeichnet, sandige Böden als „leicht". Diese Angabe bezieht sich nicht etwa auf das Gewicht des Bodens, sondern auf den Schwierigkeitsgrad der Bearbeitung. Eine Schaufel „leichten" Bodens wiegt sogar mehr als dieselbe Menge „schweren" Bodens!

Bodentest mit Fingerspitzengefühl

Die Feinstruktur (Sand / Schluff / Ton) und die Bodenart kann man leicht mit Hilfe der Fingerprobe bestimmen. Nehmen Sie hierzu eine feuchte Bodenprobe zwischen die Fingerspitzen von Daumen und Zeigefinger und reiben Sie sie gegeneinander.

Die Tabelle auf der gegenüberliegenden Seite zeigt, was die Fingerprobe über die unterschiedlichen Böden verrät und wie man ihre Feinstruktur ermittelt. Beachten Sie, daß von Ihnen zugeführte Bestandteile wie Komposterde oder kohlensaurer Kalk den Eindruck verändern können. Sehen Sie sich den Boden darum genau auf seine Bestandteile hin an oder untersuchen Sie im Zweifelsfall das Bodenprofil.

Der Kalkgehalt

Oft erweist es sich als notwendig, eine Aussage über den Kalkgehalt des Bodens zu machen, den Sie natürlich nicht ertasten können. Der grobe Nachweis des Kalkgehalts gelingt mit 10- bis 20 %iger Salzsäure (Vorsicht! Stets in geschlossenen säurefesten Flaschen an Plätzen aufbewahren, die für Kinder nicht zugänglich sind.) Man träufelt wenige Tropfen dieser Säure auf eine Bodenprobe. Starkes und anhaltendes Aufschäumen und Brausen verrät einen Gehalt an Calciumcarbonat von 5 % und mehr. Je schwächer die Reaktion ausfällt, um so geringer der Kalkgehalt des Bodens. Verlaufen die Salzsäuretropfen wie Wasser, so liegt ein kalkfreies bis kalkarmes Substrat vor.

Bestimmung der Bodenart mit der Fingerprobe

(nach Mückenhausen, verändert)

BODENART	KÖRNIGKEIT	BINDIGKEIT, FORMBARKEIT
Sand	Einzelkörner gut sicht- und fühlbar; rauh	nicht bindig, haftet nicht am Finger, nicht formbar
schluffiger Sand	Einzelkörner gut sicht- und fühlbar, daneben etwas Feinsubstanz	nicht bindig, mehlig-stumpf, etwas Feinsubstanz haftet am Finger, nicht formbar
lehmiger Sand	Einzelkörner gut sicht- und fühlbar, daneben reichlich Feinsubstanz	etwas bindig, schwach schmierig, Feinsubstanz haftet am Finger, wenig formbar, reißt und bricht bei jeder Verformung
toniger Sand	Einzelkörner gut sicht- und fühlbar, daneben viel Feinsubstanz	schwach bindig, etwas zähplastisch, Feinsubstanz haftet am Finger, formbar, reißt schon bei geringer Verformung
Schluff	Einzelkörner nicht zu unterscheiden, glitzern im Sonnenlicht, samtartig, mehlig	nicht bindig, nicht schmierig, haftet gut, klebt nicht, wenig formbar, bricht bei jeder Verformung, nicht ausrollbar
sandiger Schluff	Einzelbestandteile glitzern im Sonnenlicht, nur wenige Körner sicht- und fühlbar, samtartig, mehlig	nicht bindig, nicht schmierig, haftet gut, klebt nicht, wenig formbar, bricht bei jeder Verformung, nicht ausrollbar
toniger Schluff	Einzelkörner nicht zu unterscheiden, einige glitzern im Sonnenlicht, samtartig, mehlig	schwach bindig, etwas schmierend, haftet gut, klebt etwas, schwach formbar, reißt und bricht leicht bei Verformung
sandiger Lehm	einige Körner noch gut sicht- und fühlbar, viel Feinsubstanz	schwach bindig, haftet am Finger, klebt und schmiert, formbar und bleistiftdick ausrollbar, wird dabei aber rissig
schluffiger Lehm	gut sicht- und fühlbare körnige Bestandteile, viel Feinsubstanz, etwas mehlig	bindig, haftet, klebt und schmiert, gut formbar, wird beim Ausrollen rissig
toniger Lehm	sehr viel Feinsubstanz, nur einzelne Körner sicht- und fühlbar	bindig, schwach zähplastisch, haftet, klebt und schmiert, gut form- und ausrollbar, wird dabei kaum rissig
sandiger Ton	sehr viel Feinsubstanz, wenig gröbere Bestandteile sicht- und fühlbar	bindig und zähplastisch, haftet, klebt und schmiert, gut form-und ausrollbar, wird dabei jedoch etwas rissig
lehmiger (= schluffiger) Ton	Körner kaum sicht- und fühlbar, etwas samtartig, etwas mehlig	bindig und zähplastisch, haftet, klebt und schmiert, gut form-und ausrollbar, schwach glänzende Reibflächen
Ton	keine Körner sicht- und fühlbar, Oberfläche glatt	bindig und stark zähplastisch, klebt und schmiert, sehr gut form- und ausrollbar, glänzende Reibflächen

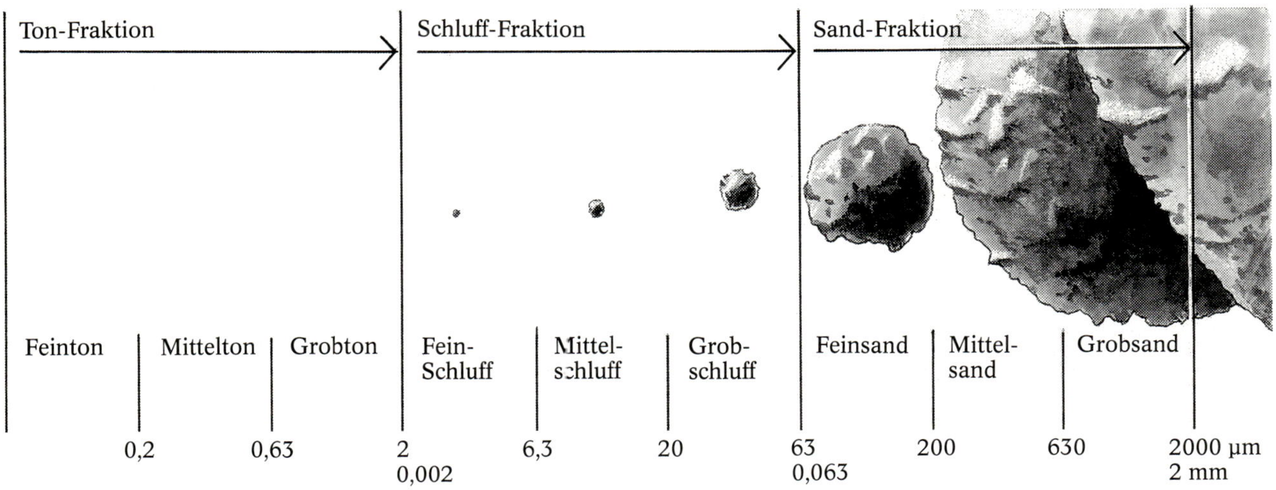

Ton, Schluff und Sand bezeichnen unterschiedliche Korngrößen oder Kornfraktionen der mineralischen Bodensubstanz, deren Grenzen in einer logarithmischen Skala exakt definiert sind.

Die Bodenarten: Vor- und Nachteile

Nach der Bestimmung der Bodenart ist nun die Frage, welche Konsequenzen sich daraus für die Nutzung ergeben. Vermutlich hat Ihr Boden Eigenschaften von einer oder von mehreren der folgenden Bodenarten. (Näheres über die Behandlung dieser Böden auf den Seiten 41–43.)

Kalkhaltige Böden
- Gute Entwässerung.
- Tiefe Böden sind fruchtbar und für viele verschiedene Nutzpflanzen geeignet.
- Flache Kalkböden trocknen schnell aus.
- Alkalisch. Einige Pflanzennährstoffe stehen den Pflanzen nur begrenzt zur Verfügung (s. Seite 33).

Schluffboden
- Gut strukturierter Schluff kann sehr viel Wasser speichern.
- Wenn er in nassem Zustand verarbeitet wird, besteht die Gefahr, daß er sich verdichtet.
- Erosionsanfällig.

Moorboden
- Reich an organischen Bestandteilen.
- Pflanzen tolerieren einen niedrigeren pH-Wert als auf mineralischen Böden.
- Böden von ehemaligen Sümpfen sind fruchtbar und ertragreich.
- Niedermoorboden ist meist stickstoffreich, braucht jedoch evtl. zusätzlich Phosphor und Kalium.
- Reiner Moorboden ist sauer und unfruchtbar.
- Moorboden enthält zuwenig Kupfer und Stickstoff.
- Häufig Staunässe.

Sandboden
- Leicht zu bearbeiten.
- Erwärmt sich im Frühjahr schnell, kann darum früher bestellt werden als andere Böden.
- Für frühe Gemüsesorten geeignet.
- Entwässert ausgezeichnet.
- Nährstoffe werden ausgewaschen.
- Kann versauern, vor allem in regenreichen Gebieten.
- Oberfläche kann sich zu einer harten Kruste verdichten; empfindliche Jungpflanzen wie Möhren können dann nicht mehr hindurchdringen.
- Bei trockener Witterung vertrocknen die Pflanzen.

Tonminerale
- besitzen eine flache, plättchenartige Struktur;
- sind negativ elektrisch geladen;
- können wie ein Magnet geladene Nährstoffe binden (vor allem Calcium) und festhalten;
- Quellen bei Feuchtigkeit auf;
- ziehen sich bei Trockenheit zusammen;
- verhalten sich wie Kolloide, d.h. sie schweben wie eine trübe Wolke im Wasser;
- haben eine große Oberfläche: Würde man alle Plättchen von nur 28 g Tonerde nebeneinander ausbreiten, dann würden sie eine Fläche von 2,4 ha (24 000 m^2) bedecken;

Ton
- Reich an natürlichen Mineralstoffen.
- Nach Lockern und Rohkompostgabe für eine Vielzahl verschiedener Nutzpflanzen geeignet.
- Erwärmt sich im Frühjahr nur langsam.
- Wasser fließt nur langsam ab, Gefahr von Staunässe.
- Verklebt bei Nässe, dann schwer zu bearbeiten.
- Zieht sich bei Trockenheit zusammen und bildet harte Klumpen, die sich erst mit erneuter Feuchtigkeit aufbrechen lassen.
- Bei Trockenheit tiefe, breite Risse; dadurch reißen die Wurzeln, der Boden trocknet aus.

Ton und Kalk

Auf Grund ihrer geringen Größe werden Tonminerale oft in die Bodenporen eingeschwemmt und können diese verstopfen oder werden andernorts abgelagert. Sie verkleben dann zu einer schmierigen Masse, ähnlich nassem Papier. Die Folge ist das Auftreten von Staunässe.

Kohlensaurer Kalk und Gesteinsmehl enthalten Calcium, das durch seine doppelt positive Ladung die Tonminerale zusammenhält. Dies macht den Boden krümelig und verbessert seine Struktur. Wenn starker, anhaltender Regen den kohlensauren Kalk aus dem Boden wäscht, versauert und verklebt der Ton.

Tonböden – Struktur und Funktion

Tonböden verfügen über bemerkenswerte Eigenschaften. Wenn man einmal ihren Aufbau verstanden hat, kann man sie in die ertragreichsten Gartenböden verwandeln. Tonminerale stellen das Endprodukt der Verwitterung des silikathaltigen Grundgesteins dar und bestehen im wesentlichen aus Aluminiumsilikaten, welche blättchenartig angeordnet und sehr dicht aufeinandergelagert sind. Sie besitzen ein großes Wasseraufnahmevermögen und quellen daher bei Regen auf.

Wie Pflanzen aus Tonböden ihre Nährstoffe beziehen

Pflanzenwurzeln geben im Lauf ihrer Atmung eine positive Ladung (H^+) an den Boden ab – sogenannte Kationen – und erhalten im Gegenzug die in den Tonmineralen gebundenen negativ geladenen Nährstoffionen (z. B. NO_3^-). Tonminerale wirken also wie ein Ionenaustauscher. In fruchtbaren Böden sorgen die Mikroorganismen durch Zersetzung von Grundgestein und organischen Bestandteilen für einen ständigen Nachschub an Pflanzennährstoffen.

Sand hingegen besitzt keine elektrische Ladung und kann Nährstoffionen daher auch nicht binden.

Ton-Humus-Komplexe

Ton und Humus sind ideale Partner; sie verbinden sich zu stabilen Krümeln, die große Mengen von Nährsalzen und Wasser langfristig speichern können. Auch größere organische Moleküle werden über die Tonmineraloberfläche angelagert. So gelangen Eiweißverbindungen auf und zwischen die Schichtplättchen. Die Durchmischung und Verbindung von Ton- und Humusbestandteilen wird vor allem im Darm der Regenwürmer begünstigt.

Welche Pflanze für welchen Boden?

Der Kauf von Samen und Setzlingen will genau bedacht sein. Werden diese Pflanzen auf Ihrem Boden überhaupt gedeihen? Zwar eignen sich Sand-, Schluff-und Tonböden bei richtiger Bearbeitung für eine Vielzahl von Pflanzen, doch gedeihen die unten genannten auf den jeweiligen Böden besonders gut.

Kalkhaltige Böden und Moorböden sind hingegen problematisch. Kalk ist alkalisch, so daß viele Nährstoffe nicht für die Pflanzen verfügbar sind. Moorböden hingegen sind meist sauer. In der unten stehenden Tabelle finden Sie Pflanzen aufgelistet, die auf den genannten Böden problemlos gedeihen können, auch ohne daß Sie den jeweiligen pH-Wert verändern oder stark in die Bodenstruktur eingreifen müssen.

BODEN	BLÜTENSTAUDEN	STRÄUCHER / HALBSTRÄUCHER	GEMÜSE	OBST
Sandboden 	Schafgarbe *(Achillea spec.)* Blaukissen *(Aubrietia spec.)* Lichtnelke *(Lychnis spec.)* Brandkraut *(Phlomis spec.)* Wolfsmilch *(Euphorbia spec.)* Fetthenne *(Sedum spec.)* Storchschnabel *(Geranium spec.)*	Beifuß *(Artemesia spec.)* Ginster *(Cytisus spec.)* Sonnenröschen *(Helianthemum spec.)* Brombeere *(Rubus spec.)* Berberitze *(Berberis spec.)* Ölweide *(Eleagnus spec.)* Johanniskraut *(Hypericum spec.)*	Möhren Pastinaken Spargel Zwiebelgewächse Grüne Bohnen Tomaten	Weintrauben Brombeeren Nußbäume
Schluff/Ton 	Rosen *(Rosa spec.)* Ringelblume *(Tagetes spec.)* Beinwell *(Symphytum spec.)* Kaukasusvergißmeinnicht *(Brunnera spec.)* Elfenblume *(Epimedium spec.)* Christrose *(Helleborus spec.)* Leberblümchen *(Hepatica spec.)* Efeu *(Hedera spec.)*	Johannisbeere *(Ribes spec.)* Schneebeere *(Symphoricarpus spec.)* Lorbeer *(Aucuba spec.)* Skimmie *(Skimmia spec.)* Mahonie *(Mahonia spec.)* Haselnuß *(Corylus spec.)* Mehlbeere *(Aronia spec.)*	Lauch Kartoffeln Saubohnen Sommerkohl Zucchini Grünkohl	Himbeeren Pflaumen Birnen Stachelbeeren Weiße, Rote, Schwarze Johannisbeeren
Kalkboden 	Pfingstrose *(Paeonia spec.)* Anemone *(Anemone spec.)* Inkalilie *(Alstroemeria spec.)* Tränendes Herz *(Dicentra spec.)* Primel *(Primula spec.)* Funkie *(Hosta spec.)* Akelei *(Aquilegia spec.)* Platterbse *(Lathyrus spec.)* Nelke *(Dianthus spec.)* Lichtnelke *(Lychnis spec.)*	Pfeifenstrauch *(Philadelphus spec.)* Flieder *(Syringa spec.)* Sommerflieder *(Buddleia spec.)* Winterblüte *(Chimonanthus spec.)* Immergrün *(Vinca spec.)* Spierstrauch *(Spiraea spec.)* Yucca *(Yucca spec.)* Forsythie *(Forsythia spec.)* Waldrebe *(Clematis spec.)*	Rote Bete Brokkoli Blumenkohl Spargel Spinat	Steinobst Beerenobst (außer Erdbeeren und Himbeeren)
Moorboden 	Lilie *(Lilium spec.)* Lupine *(Lupinus spec.)* Zierlauch *(Allium spec.)* Enzian *(Gentiana spec.)* Hainsimse *(Luzula maxima)* Nomocharis *(Nomocharis spec.)* Sterndolde *(Astrantia spec.)* Weiderich *(Lythrum spec.)* Felberich *(Lysimachia spec.)* Segge *(Carex spec.)* Prachtspiere *(Astilbe spec.)*	Ginster *(Cytisus spec.)* Stechginster *(Ulex spec.)* Sonnenröschen *(Helianthemum spec.)* Bärentraube *(Archostaphylos spec.)* Rhododendron *(Rhododendron spec.)* Azalee *(Azalea spec.)* Heidekraut *(Pieris spec.)* Kamelie *(Camellia spec.)* Trompetenblume *(Campsis radicans)* Federbuschstrauch *(Fothergillia spec.)* Chilekrokus *(Lapageria spec.)*	Kartoffeln Zwiebeln Sellerie Rhabarber Wurzelgemüse	Heidelbeeren Himbeeren Preiselbeeren (auf sehr sauren Böden) Äpfel und Erdbeeren (können einen pH-Wert von 5,1 tolerieren)
	Auf Böden mit hohem Anteil an organischer Substanz können Pflanzen niedrigere pH-Werte tolerieren als auf mineralischen Böden.			
Salzige Böden (in Meeresnähe)	Schafgarbe *(Achillea spec.)* Schmucklilie *(Agapanthus spec.)* Grasnelke *(Armeria maritima)* Kornblume *(Centaurea spec.)* Mannstreu *(Eryngium spec.)* Fetthenne *(Sedum spec.)*	Ahorn *(Acer spec.)* Sommerflieder *(Buddleia spec.)* Strauchveronica *(Hebe spec.)* Stechpalme *(Ilex spec.)* Heiligenkraut *(Santolina spec.)* Yucca *(Yucca spec.)*	Spargel Rote Bete Kohlgemüse Strandkohl alle Salatsorten	
	In Küstengebieten mit viel Wind fördert ein Windschutz in Form einer Hecke das Pflanzenwachstum.			

Weitere Bodengeheimnisse: Organisches Material und Humus

Das organische Material im Boden stammt größtenteils von abgestorbenen Pflanzenteilen und tierischen Ausscheidungen. Es handelt sich um eine sehr komplexe, bis heute nicht ganz verstandene Substanz, die erstaunlich viele Aufgaben erfüllt. Pflanzliche Überreste enthalten organische Verbindungen wie Zucker, Stärke, Proteine, Wachse und noch viele weitere komplizierte Moleküle. In warmen Böden mit einem reichhaltigen Bodenleben und ausgeglichener Luft- und Wasserversorgung wird diese organische Substanz zersetzt – die einfachen Bestandteile wie Zucker zuerst, die zäheren, wie holzhaltiges Material, zuletzt. An diesem Prozeß sind von den Würmern bis hin zu den Bakterien alle Bodenorganismen beteiligt. Auf diesem Weg wird die tote organische Substanz letztlich zu Kohlendioxid und Wasser und Mineralstoffen abgebaut, wobei Energie für Stoffwechselvorgänge gewonnen wird. Stickstoffverbindungen werden zu Ammonium reduziert. Humus ist eine einzigartige, langlebige Substanz. Vielleicht liegt in Ihrem Garten ganz frischer neben jahrealtem Humus. Ganz gleich, wo und wodurch dieser Humus gebildet wurde: sein Aufbau ist immer ähnlich, und er verbessert in vielfältiger Weise die Bodenstruktur. Die im Humus enthaltenen dunklen Huminstoffe haben wie Tonminerale die Fähigkeit, Nährsalze austauschbar anzulagern. Humus verbindet sich zudem mit Bodenpartikeln und trägt damit wesentlich zur Krümelbildung bei; so wird der Boden lockerer und ist leichter zu bearbeiten.

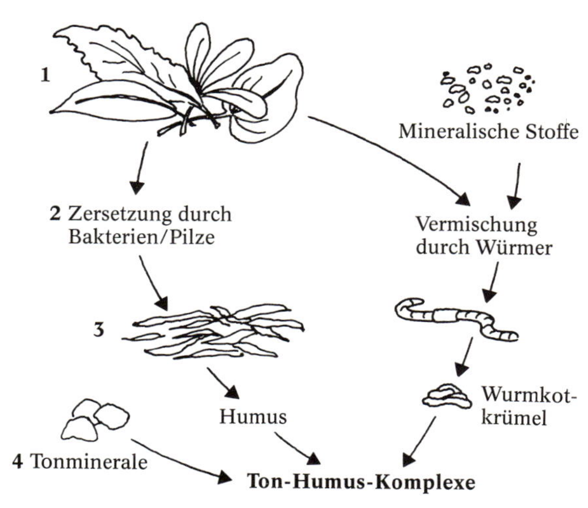

Humusbildung durch Streulaub und Entstehung von Ton-Humus-Komplexen

Humus bildet sich schneller, wenn der Boden gut durchlüftet ist und vielseitiges organisches Ausgangsmaterial zur Verfügung steht. Je nach Abbaubedingung unterscheidet man dabei drei Humusformen: Mull (nährstoffreiche Böden mit hoher biologischer Aktivität), Rohhumus (nährstoffarme, biologisch inaktive Böden) und Moder (liegt zwischen Mull und Rohhumus). In staunassen, sauerstoffarmen Böden bildet sich Torf.

Verrottendes organisches Material:

- beherbergt Bodenlebewesen;
- stellt ein ausgewogenes Nährstoffangebot für Bodenorganismen und Pflanzenwurzeln bereit;
- verbessert die Struktur zahlreicher Bodenarten;
- bindet Luft und Wasser;
- stabilisiert mineralische Böden;
- trägt zur Erwärmung des Bodens bei;
- regt das Leben im Boden an;
- bindet potentiell giftige Stoffe wie Blei, Kupfer und einige Pestizide;
- kann wie Tonminerale große Mengen Kationen austauschen;
- schützt den Boden gegen negative Einflüsse durch Witterung und Bebauung;
- puffert den Boden gegen Schwankungen des pH-Wertes ab;
- fördert das Pflanzenwachstum;
- einige Bestandteile zerfallen schnell und setzen dabei Nährstoffe frei, andere bleiben jahrelang im Boden.

Zur konstanten Versorgung des Bodens mit organischen Stoffen:

- Ersetzen Sie organisches Material, das Sie dem Garten entnehmen.
- Arbeiten Sie in den Boden Materialien wie kompostierte Pflanzenreste, Gründünger oder Mistkompost ein, die unmittelbar verfügbar sind (und ihm z. B. keinen Stickstoff entziehen).
- Regen Sie die Bodenorganismen dazu an, organisches Material in Humus umzusetzen, indem Sie:
  den Boden möglichst wenig bearbeiten;
  die Bodenstruktur aufbauen;
  einen pH-Wert von 6,5 anstreben;
  darauf achten, daß die Bodenorganismen ausreichend mit Luft und Wasser versorgt werden;
  den Boden mit Mulch abdecken und warmhalten.
- Erhalten Sie die so entstandenen organischen Bestandteile, indem Sie den Boden abdecken und ihn möglichst wenig bearbeiten.

Das Bodengefüge

Mineralische und organische Stoffe liegen im Boden nicht planlos vermischt vor, sondern sind zu Gefügen und Krümeln angeordnet. Der Aufbau eines Bodens gleicht der Struktur eines Gebäudes, das von Kalk und Ton im Zement oder – bei Luftziegel- und Fachwerkbauten – auch von organischem Material zusammengehalten wird. In einem Gebäude arbeiten und leben die Menschen in Räumen, in der Erde spielt sich alles in den Poren zwischen den Krümeln ab – Entwässerung, Durchlüftung, Durchwurzelung und die Aktivität der Bodenlebewesen. Ohne eine Struktur wäre die Bebauung von Böden praktisch unmöglich. So hat jede Bearbeitung zum Ziel, eine gute Bodenstruktur zu schaffen oder zu erhalten.

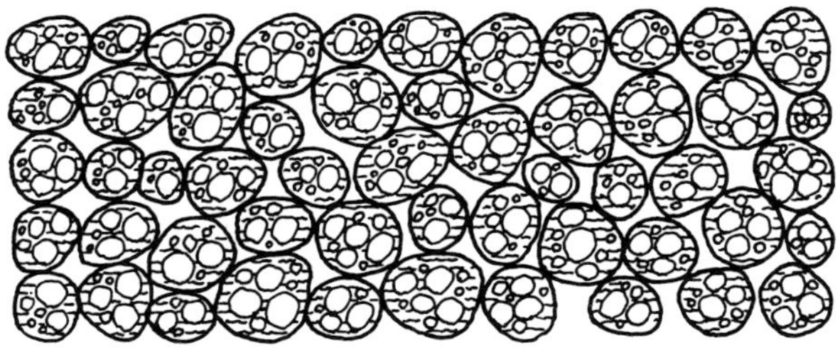

Gefüge

Was verleiht dem Boden Struktur?

Wenn Sie einen trockenen Brocken guter Gartenerde zwischen den Fingern zerdrücken, bilden sich Krümel, die nur schwer zu zerkleinern sind. In grobkörnigen Sandböden werden diese Krümel von den Sandkörnchen selbst gebildet, doch in den meisten Böden bestehen sie aus einem Gemisch von Sand, Schluff, Ton und organischem Material. Solche Krümel können zusammengehalten werden von:

- organischem Material,
- Pflanzenwurzeln,
- Pilzfäden,
- bakteriellen Schleimstoffen,
- Würmern (sie produzieren Schleimstoffe und Kotkrümel),
- kohlensaurem Kalk,
- weiteren Stoffen, z. B. Eisen,
- Tonmineralen und Huminstoffen.

Die vier wichtigsten Formen des Bodengefüges sind das Krümel-, Platten-, Bröckel- und das Säulengefüge.

Verschiedene Bodengefüge

Krümelgefüge Krümel von wenigen Millimetern Durchmesser. Meist ein Anzeichen für hohe biologische Aktivität und gute Fruchtbarkeit.

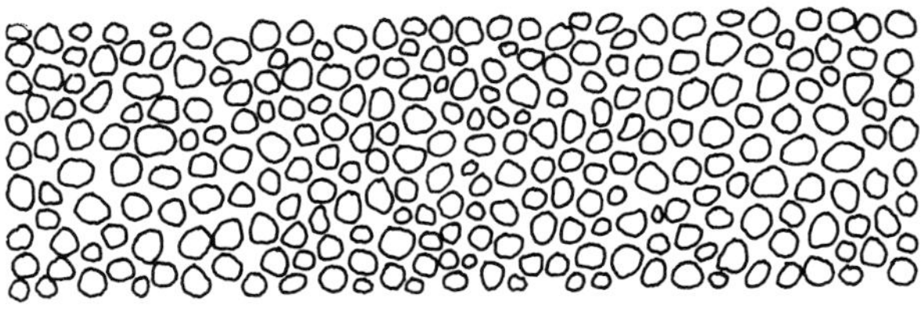

Bröckelgefüge Fügt sich zu unregelmäßigen, größeren Brocken. In den dazwischenliegenden Poren findet der Wassertransport und die Durchwurzelung statt. Typisch für Ton- und schluffreichen Böden.

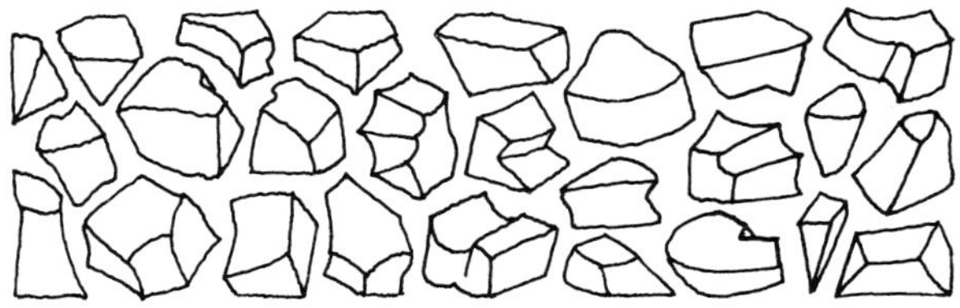

Säulengefüge Durch Schrumpfen und Aufquellen von Tonmineralen entstehen Risse, diese bilden ausgedehnte Strukturen, die von Pflanzen gut durchwurzelt werden können.

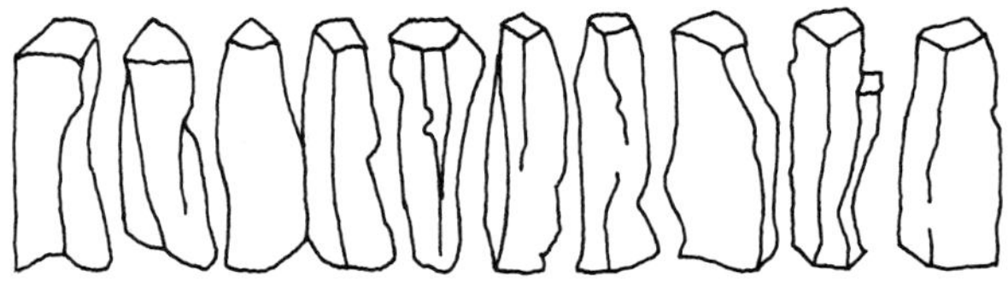

Plattengefüge Eine horizontale Struktur mit nur wenigen senkrechten Löchern und Rissen.

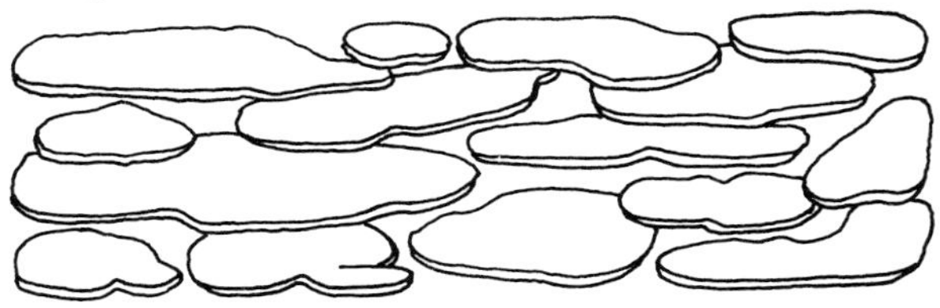

Die Struktur variiert je nach Bodengefüge und Bodentiefe. In den oberen Zentimetern eines durchwurzelten Bodens finden sich stecknadelkopf- bis erbsengroße Krümel. Darunter liegen größere, zuckerstück- bis schaufelgroße Klumpen. Wie bei einem Gebäude ist auch beim Boden die Stabilität der Struktur veränderlich. Ein Gebäude zerfällt in Trümmer, wenn es einer starken Energie ausgesetzt wird. Genauso reagiert der Boden, jedoch mit einem wesentlichen Unterschied: seine Stabilität hängt in großem Maße vom Wassergehalt ab. Nasse Böden sind leicht verformbar, trockene hingegen starr und unflexibel. Viele Bodengefüge sind nicht wasserbeständig, denn Wasser kann beispielsweise die Schleimstoffe, welche die Krümel zusammenhalten, auswaschen.

Poren – Lebensraum im Boden
Im Boden existiert tatsächlich Wohnraum: die Poren, in denen sich Wurzeln und Bodenlebewesen ansiedeln. Ein für den Anbau von Kulturpflanzen optimaler Boden besitzt einen Anteil an Festmasse von ca. 50 %. Die andere Hälfte besteht aus luft- und wassergefüllten Poren. Mindestens ebenso entscheidend wie das Gesamtvolumen aller Poren zusammen ist die Verteilung auf die verschiedenen Porengrößen. Unterschieden werden:

- Grobporen, durch die Luft und Wasser eindringen kann. Sie bestehen in Sandböden aus den Zwischenräumen relativ großer Körner.
- Mittelporen, die Räume zwischen Feinsand und Schluffkörnern. Sie bergen das pflanzenverfügbare Haftwasser.
- Feinporen, die sich vor allem in tonreichen Böden finden. Sie binden Wasser so fest, daß es von Pflanzen nicht mehr genutzt werden kann.

Bodenporen bilden ein regelrechtes Netzwerk. Wasser versickert durch die großen Poren nach unten und zieht dabei Frischluft nach, während die kleinen Poren Wasser aus dem Grundwasserbereich nach oben ziehen (Kapillarwirkung).

Bodenluft
Pflanzenwurzeln und Bodenlebewesen benötigen zum Leben Sauerstoff, die Voraussetzung für die notwendige Atmung. Sie finden diesen in allen wasserfreien Poren, doch enthält Bodenluft im Vergleich zur Atmosphäre einen wesentlich höheren Anteil an Kohlendioxid – das Ergebnis der Aktivität der Bodenlebewesen. So wie ein Gebäude gut belüftet sein muß, sollten Sie daher auch für eine gute Durchlüftung des Bodens sorgen. Indem Sie die Bodenstruktur locker halten und ein Verdichten der obersten Schichten vermeiden, unterstützen Sie die natürliche Atmung an der Oberfläche, und den Austausch atmosphärischer Luft mit Bodenluft durch Temperatur und Druckdifferenzen. Insbesondere bei staunassen Böden sind rechtzeitig Entwässerungsmaßnahmen durchzuführen (s. Seite 39).

Bodenwasser
Wasser ist für die Pflanzen lebenswichtig und wird benötigt:

- zum Transport von Nährstoffen,
- für wichtige Stoffwechselvorgänge wie die Photosynthese,
- zur Stabilisierung des Gewebes.

Über die Blätter wird der größte Teil des von den Wurzelhaaren aufgenommenen Wassers durch Transpiration wieder ausgeschieden. Es muß daher unbedingt sichergestellt sein, daß der Boden den Wasserbedarf der Pflanzen decken kann. Ein Teil des Bodenwassers wird in den Poren gespeichert, der Rest fließt ins Grundwasser ab. Der Wassergehalt des Bodens hängt neben der Niederschlagsmenge im wesentlichen vom Volumen der Poren und von der Verteilung der Porengrößen ab.

Wasserspeicherung Nach einem Regen können im Boden verschiedene Formen von Wasser auftreten: Das Sickerwasser sickert durch die Grobporen mit mehr als 10 µm Durchmesser relativ schnell in die Tiefe, um dort den Vorrat an Grundwasser aufzufrischen. Das Haftwasser wird gegen die Schwerkraft als dünner Wasserfilm auf der Oberfläche fester Bodenpartikel und in feineren, weniger als 10 µm messenden Poren festgehalten. Es bildet zugleich den sogenannten Kapillarsaum aus, indem es innerhalb einer gewissen Zone über der Grundwasseroberfläche aufsteigt. Als Maß für die maximal in den Poren speicherbare Menge an Haftwasser dient die sogenannte Feldkapazität. Nach einem Regen wird diese nahe der Oberfläche erreicht, dann zieht sich die Wasserfront tiefer in das Bodenprofil hinein. Ein Teil des Wassers füllt die Mittel- und Feinporen, wo es durch physikalische Kräfte mehr oder weniger stark festgehalten wird.

Pflanzenverfügbares Wasser Wasser steht den Pflanzenwurzeln im Bereich zwischen der erreichten Feldkapazität und dem Welkepunkt, an dem der Austrocknungsgrad des Bodens so hoch ist, daß die Pflanzen verwelkt sind und sich auch nach einer Bewässerung nicht mehr erholen, zur Verfügung. In Sandböden und den meisten Tonböden befindet sich nur wenig pflanzenverfügbares Wasser. Sandige und schluffhaltige Lehmböden sowie Moorböden können am meisten Wasser speichern, man muß sie jedoch entsprechend bearbeiten, um es verfügbar zu halten.

Die Bewässerung des Bodens Ist ein Boden erst einmal ausgetrocknet, hilft ein kleiner Wasserguß nur wenig.

Der Boden muß vielmehr mindestens bis zur Feldkapazität bewässert werden, damit das Wasser überhaupt zu der tiefer liegenden Schicht durchdringen kann. Hierzu sind mindestens 10,5 l/m^2 nötig. In porenreichen Sandböden fließt das Wasser schnell ab. Wenn trockene Tonböden bewässert werden, sickert das Wasser in die Bodenspalten hinein, um anschließend von den kleinen Poren durch Kapillarkräfte wieder nach oben gesogen zu werden.

Um das Wasser verfügbar zu halten, sollten Sie:
- dem Boden Kompost zufügen;
- den feuchten Boden mit Mulch bedecken;
- verdichtete Schichten lockern, damit die Wurzeln auch bei oberflächlicher Trockenheit tiefer wurzeln und Wasser erschließen können.

Die optimale Bodenstruktur

Wiesen und Wälder besitzen meist eine ausgezeichnete Bodenstruktur. Der naturgemäß arbeitende Gärtner kann zur Strukturverbesserung seines Bodens viel von der Natur lernen. Gut strukturierte Böden mit ausgewogenen Luft- und Wasseranteilen lassen Pflanzen tief wurzeln und das Bodenleben gedeihen. Um eine solche Struktur zu schaffen, braucht es Zeit und Geduld, doch die Mühe lohnt sich, denn ein gut strukturierter Boden läßt über viele Jahre gesunde Pflanzen gedeihen. Eine Bewährungsprobe für Ihren Boden, bei der sich auch seine Qualität offenbart, sind Dürreperioden oder längere, heftige Regenfälle. Das Maß, in dem die Pflanzen solche „Katastrophen" überstehen, ist gleichzeitig auch ein Maß für die Güte des Bodens.

Hinweise auf eine gute Bodenstruktur sind:
wuchsfreudige Pflanzen;
tiefe Durchwurzelung;
bröckeliger, krümeliger Boden (bei Trockenheit und Nässe);
gleichmäßig braune Färbung;
süßlicher Erdgeruch;
zahlreiche Würmer;
ein Netzwerk sichtbarer Poren und Risse im Bodenprofil;
gute Entwässerung.

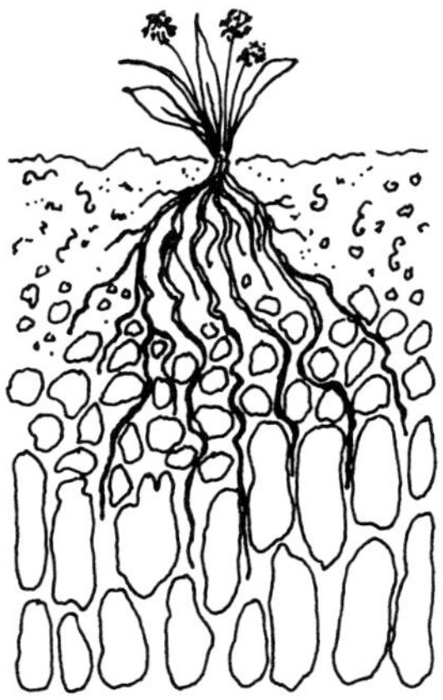

Tips zur Erhaltung der Struktur:
Zur Förderung der Krümelstruktur sowie der Wasser- und Luftspeicherung organisches Material einarbeiten;
in sauren Tonböden kohlensauren Kalk einarbeiten;
das Bodenleben fördern;
Verdichtungen beseitigen;
wenn angebracht: drainieren.

Bodenbearbeitung:
so wenig wie möglich;
so oberflächlich wie möglich;
den Boden bearbeiten, wenn er ein wenig feucht ist. Ansonsten überlassen Sie die Arbeit den Würmern und Wurzeln.

Schutz:
den Boden mulchen, Gründünger- oder Nutzpflanzen säen;
unbebauten Boden so wenig wie möglich dem Regen aussetzen;
möglichst nicht auf dem Boden laufen;
Beete anlegen.

Anzeichen für eine schlechte Bodenstruktur:
gehemmtes Pflanzenwachstum;
oberflächliche Wurzeln in den wenigen vorhandenen Rissen oder Wurmgängen;
Erde in harten Klumpen oder wie Staub;
schmierige, luftleere Masse (wenn naß);
graue/rote Flecken;
nur wenige Würmer (dies kann auch einen sauren Boden anzeigen);
eine harte Schicht (Verdichtungshorizont) an der Grenze zwischen Ober- und Unterboden;
bei Staunässe Moos.

Wie eine schlechte Struktur entsteht:
Verdichtung des Bodens durch Begehung;
Verdichtung des Unterbodens durch maschinelles Hackfräsen (auch auf Ton-, Schluff- und Sandböden);
heftiger Regen / Bewässerung wäscht Schleimstoffe aus und zerstört die Krümelstruktur;
Mangel an organischem Material;
durch Umgraben, wenn der Boden naß und schmierig ist;
zu starke Bearbeitung, z. B. übermäßiges Beharken eines trockenen Bodens;
der Boden ist ungenügend bedeckt;
Übernutzung des Gartens;
Salz in Tonböden.

Wie Sie Ihren Boden bearbeiten

Nachdem Sie Ihren Gartenboden charakterisiert haben, können Sie ihn nun so bearbeiten, daß für die Pflanzenwurzeln und die Bodenlebewesen ideale Bedingungen entstehen. Es kommt bei der Bodenbestellung vor allem darauf an, eine Struktur herzustellen, in der die Bodenorganismen gedeihen und die Pflanzen lebenswichtige Nährstoffe, Wasser und Luft bekommen und ein ausgedehntes Wurzelsystem aufbauen können. Dafür ist organisches Material unerläßlich, denn es trägt in jedem Boden zur Strukturformung bei und versorgt außerdem die Bodenorganismen mit Nährstoffen.

Ein Gartenboden läßt sich durch Änderung seines Gefüges verbessern, indem man beispielsweise schwere Böden mit Sand und Sandböden mit Ton aufwertet. Dieses sogenannte „Aufmergeln" war früher weit verbreitet, ist jedoch im Garten kaum durchzuführen. So enthält ein nur 8 x 3 m großes Stück mit sandigem Lehm etwa 10 200 kg Oberboden; man müßte dort mehr als 1000 kg Ton untermischen, um das Bodengefüge merklich zu verändern.

Aus diesem Grund konzentrieren sich die folgenden Hinweise auf durchführbare Formen der Bodenbestellung, mit denen sich die Bodenstruktur verbessern und erhalten läßt. Die unterschiedlichen Bodenarten erfordern dabei jeweils eigene Techniken der Bearbeitung (s. Seiten 41-43).

Die Grundregeln der Bodenbestellung

BEARBEITUNGSTECHNIK	ERGEBNIS
Zugabe von organischem Material (z. B. Kompost oder Pferdemist)	verbessert und erhält die Struktur vieler Bodenarten, verbessert den Wasserabfluß in Ton- und Schluffböden und das Wasserhaltevermögen von Sandböden, gleichzeitig eine Komplettversorgung für Bodenorganismen und Pflanzenwurzeln, gibt dem Boden Nährstoffe zurück.
Einen gut entwässerten Boden mit ausreichenden Wasserreserven schaffen;	stabilisiert die Bodenstruktur, fördert einen gesunden Boden mit tiefwurzelnden Pflanzen.
Den Boden seiner jeweiligen Situation angepaßt zum richtigen Zeitpunkt bearbeiten;	bricht Verdichtungshorizonte auf und verbessert dadurch die Wasserführung, schafft ein für Samen und Jungpflanzen ideales Beet.
Bearbeiten, ohne umzugraben, den Boden dabei bedeckt halten und eine Verdichtung durch Betreten vermeiden;	die Bodenorganismen können ungestört arbeiten.
Wann immer möglich, Gründünger anbauen;	lockert, düngt, strukturiert und schützt den Boden, erhält die Bodenstruktur.
Den Boden mit einer Mulchschicht bedecken;	erhält die Bodenstruktur, bestimmte Mulchmaterialien düngen zusätzlich den Boden.
Fruchtwechsel	erhält die Gesundheit und die Widerstandsfähigkeit der Pflanzen, verringert die Notwendigkeit einer Bodenbearbeitung, der Boden kann verbrauchte Nährstoffe rückgewinnen, nutzt vorhandene Ressourcen wie Kompost und Mist bestmöglich aus.
Den pH-Wert überprüfen und, wenn nötig, anpassen;	fördert eine gesunde Bodenbesiedlung, Voraussetzung dafür, daß die vorhandenen Nährstoffe für die Pflanzen verfügbar sind, begrenzt Schädlinge und Krankheiten.
Kalk	verleiht dem Boden Struktur.
Organische Dünger/Nährstoffe	ergänzen das Nährstoffangebot.

Organisches Material

Organische Substanz – sowohl frisch als auch „humifiziert“ (verrottet) – setzt sich aus den Resten abgestorbener Pflanzen und Tiere zusammen, die nach und nach durch komplizierte Abbauprozesse in Pflanzennährstoffe und Humus umgewandelt werden. Der Anteil von organischer Substanz und Humus in der Erde kann sehr unterschiedlich sein. Anteilsmäßig überwiegt Humus mit ca. 80 %, der Anteil von noch nicht verrotteten Pflanzenwurzeln und Pflanzenteilen beträgt ca. 10–20 %, den Rest stellen die Bodenlebewesen. Eine Reihe verschiedener Substanzen können zur Strukturverbesserung und Erhöhung des Anteils organischer Substanz im Garten oberflächlich ausgebracht werden:

Kompost

Kompost herzustellen zählt zu den wichtigsten Aufgaben eines jeden Gärtners.

Kompost:

- verbessert die Bodenstruktur und versorgt das Bodenleben;
- begrenzt Unkrautsamen sowie einige Krankheiten und bereitet Garten- und Küchenabfälle wieder auf.
- Nährstoffzusammensetzung: Abhängig vom Ausgangsmaterial und vom Reifegrad.

Mist

Tiermist eignet sich hervorragend für den Einsatz im Garten:

- Kompostierter, strohiger Pferde- oder Rindermist verbessert die Bodenstruktur und fördert das Bodenleben.
- Hühner- und Taubendung ist sehr scharf. Sie werden am besten als Kompoststarter verwendet.
- Meiden Sie Dung aus Massentierhaltung, da er verseucht sein kann.
- Kompostierter Stallmist ist im Handel und auf Bauernhöfen erhältlich.
- Ungefährer Nährstoffgehalt von Stallmist: Stickstoff 0,6–1,5 % , Phosphor 0,25–1,5 %, Kalium 0,4 %, einige Spurenelemente.

Laubkompost

- Laub aus Gärten oder Parkanlagen kann nach dem Verrotten wieder dem Boden zugeführt werden.
- Laubkompost verbessert die Bodenstruktur, enthält jedoch weniger Nährstoffe.
- Laub benötigt zum Verrotten normalerweise zwei bis drei Jahre; durch Zugabe von fertigem Kompost wird es aber binnen eines Jahres umgesetzt.

Pilzsubstrat (Champignonmist)

- Eine hervorragende Kur für den Boden, mit vielen Nährstoffen für die Bodenorganismen.
- Pilzsubstrat ist alkalisch und sollte nicht bei säureliebenden Pflanzen verwendet werden.
- Pilzsubstrat aus nicht naturgemäß arbeitenden Betrieben kann Pestizidrückstände enthalten.
- Ungefährer Nährstoffgehalt: Stickstoff 0,7 %, Phosphor 0,3 %, Kalium 0,3 %, viele Spurenelemente.

Gründünger

- verbessert die Durchlässigkeit für Luft und Wasser.
- Gründüngerpflanzen schützen den Boden vor Auslaugung, Hitze, Kälte und Trockenheit.
- Gründünger schließt Mineralien auf, die aus tieferen Bodenschichten nach oben transportiert werden.
- lockert auf natürliche Weise verfestigte Böden auf.
- Gründüngerpflanzen bei beginnender Blüte abmähen, zerkleinern und unterhacken. Bei einer Aussaat im Spätsommer die Pflanzen den Winter über auf den Beeten lassen, im Frühjahr dann wie beschrieben in den Boden einarbeiten.
- Hülsenfrüchtler reichern Stickstoff an.
- Geignete Pflanzen sind: Lupinen, Gelbsenf, Kapuzinerkresse, Inkarnatklee, Kresse.

Hopfenrückstände

- ein Abfallprodukt der Brauereien;
- kann als Mulch aufgelegt werden;
- verbessert die Bodenstruktur und liefert Nährstoffe für die Bodenorganismen.

Baumrinde

- Enthält viel Kohlenstoff,
- um ausgewachsene, gut verwurzelte Pflanzen herum als Mulch ausgebracht, schützt sie den Boden;
- vor der Verwendung kompostieren;
- Baumprodukte enthalten nur wenig Nährstoffe.

Seetang

- verbessert die Bodenstruktur durch Schleimstoffe, die die Bodenteilchen verbinden.
- Ungefährer Nährstoffgehalt: Stickstoff 0,3 %, Phosphor 0,1 %, Kalium 1,0 %, viele Spurenelemente.

ANWENDUNG

Unverrottete holzige Teile

- auf feuchten/warmen Böden um bereits gut verwurzelte Pflanzen herum als Mulch auslegen;
- nicht untergraben, da die Bakterien dem Boden ansonsten Stickstoff entziehen;

Verrottetes Material

Kompost, kompostierter Stallmist, Laubkompost etc.

- In Gärten wird durch Beschneiden und Ernten laufend organisches Material und damit potentieller Humus beseitigt. Sorgen Sie daher für eine Rückführung der so verlorenen Nährstoffe in Form von Kompost.
- Reifer Kompost kann oberflächlich vorsichtig in den Boden eingearbeitet werden, da die Bakterien ihren Stickstoffbedarf schon während des Kompostierens gedeckt haben.
- Den Kompost als Mulch um ausdauernde und umgesetzte einjährige Pflanzen herum oder als 1–3 cm dicke Schicht auf Saatbeete ausbringen.
- Oberflächlich ausgebrachten reifen Kompost mit einer Mulchschicht aus organischem Material abdecken (z. B. Stroh).

KOMPOST: DIE RICHTIGE MENGE, DER RICHTIGE ZEITPUNKT

- Ein ungefähres Richtmaß für die anzuwendende Menge ist 1 Schubkarrenladung auf 3–4 m^2. Die Menge hängt zum Teil vom Bodengefüge ab; auf einem Sandboden ist die Wirkung größer als auf einem Tonboden. Zuviel Kompost kann sowohl zu übermäßigem Pflanzenwachstum als auch zu Nährstoffverlusten im Boden führen.
- Zeitpunkt der Ausbringung: Kurz vor Beginn oder während des Pflanzenwachstums im Frühjahr oder vor der Aussaat von Gründüngerpflanzen im Herbst.
- Kompost stets auf erwärmten und feuchten Boden ausbringen.

Seetang

Gründünger

Gründünger sind Pflanzen, die zuerst angebaut oder ausgesät und anschließend wieder in den Boden eingearbeitet werden.

Was bewirkt Gründüngung?
- Sie schützt den Boden,
- verhindert eine Nährstoffauswaschung,
- unterdrückt unerwünschte Wildkräuter,
- fördert Regenwürmer und andere Bodenlebewesen,
- verhindert die Erosion,
- lockert den Boden,
- verbessert die Wasserführung,
- transportiert Nährstoffe aus dem Unterboden herauf,
- erhöht den Anteil an organischem Material im Boden,
- vor allem stickstoffbindende Gründünger-Pflanzen geben dem Boden Nährstoffe.

Einarbeiten des Gründüngers in den Boden
Gründünger werden meist einige Wochen vor dem Anbau von Feldfrüchten an den Boden zurückgegeben.
- Der beste Zeitpunkt für das Unterhacken und Einarbeiten: Kurz bevor die Gründüngerpflanzen hart und holzig werden.
- Solange sie noch biegsam sind und Saft führen, liefern sie Nährstoffe, aber wenig organisches Material.
- Läßt man sie hingegen wachsen, bis sie holzig sind, ist es schwierig, sie unterzuhacken; dann können sie zudem Stickstoffverluste herbeiführen.
- Holzige Gründüngerpflanzen können als Mulch ausgelegt oder zum Kompost gegeben werden.
- Gründünger sollte nicht blühen und sich nicht unkontrolliert vermehren.
- Gründünger abmähen oder abschneiden und dann verwelken lassen; anschließend das zerkleinerte Material unterhacken oder – als Mulchdecke – von den Würmern in den Boden einarbeiten lassen.
- Manche Gründünger, z. B. Gelbsenf, sterben bei Frost ab und verrotten allmählich.

Die Aussaat der Feldfrüchte beginnt nach der Umsetzung der Gründüngerpflanzen. Dieser Vorgang des Verrottens dauert einige Tage bis zu mehreren Wochen – je nach Jahreszeit, nach Art des Gründüngers und der Wachstumsphase.

Winterroggen *(Secale cereale)*
Bis Mitte Oktober aussäen (30 g/m^2). Winterfeste Feldfrucht, manchmal schwierig unterzuhacken. Wenn er früh untergehackt wird, liefert er Stickstoff, später organisches Material.

Gelbsenf *(Sinapis alba)*
Von März bis Ende August aussäen (5 g/m^2). Wächst schnell, ideal für das „Sommerloch“. Unterdrückt Unkraut, ist nicht winterhart. Vor der Blüte einrechen. Gelbsenf wurzelt flach. Geeignet für mittelschwere Böden ohne Staunässe.

Weißklee *(Trifolium repens)*
Von April bis Juli aussäen (3 g/m^2). Bindet Stickstoff und ist winterhart. Kann unter weit auseinanderstehenden Nutzpflanzen ausgesät werden.

Winterwicke *(Vicia sativa)*
Von April bis Ende August aussäen, oder – zum Überwintern – im Spätsommer (8 g/m^2). Liefert große Mengen organischen Materials, bindet Stickstoff und besitzt ein ausgedehntes Wurzelsystem.

Mulchen

Als Mulch bezeichnet man eine Bedeckung der Bodenoberfläche mit zerkleinertem organischem Material. Mulchmaterialien leisten neben dem Schutz des ansonsten unbedeckten Bodens einen wesentlichen Beitrag zur Nährstoffversorgung und Humusbildung. Vor dem Mulchen einer Fläche sollten Sie die Erde vorsichtig lockern, damit für eine ausreichende Belüftung der unteren Schichten gesorgt ist. Anschließend empfiehlt es sich, eine dünne Schicht reifer Komposterde aufzutragen. Erst jetzt wird die Mulchschicht aufgebracht Gemulcht wird auf warmen, feuchten Böden. Die Dauer des Verrottens der Mulchschicht hängt von ihrer Stärke ab. Achtung bei Schnecken und Wühlmäusen: unter einer dicken Mulchschicht, die lange Zeit unbearbeitet liegt, können sich die Schädlinge ungestört vermehren.

Was bewirkt die Mulchschicht?

- Sie schützt den Boden vor Regen und Witterungseinflüssen;
- versorgt den Boden mit Nährstoffen;
- unterdrückt „Unkräuter";
- hält den Boden feucht und warm;
- verbessert die Bodenstruktur, nachdem der Mulch eingearbeitet wurde;
- dunkler Mulch erwärmt den Boden;
- heller Mulch hält den Boden kühl.

Welcher Mulch für welchen Zweck?

Gras

- Geeignet für alle Obst- und Gemüsekulturen.
- Zu dick ausgelegtes frischgemähtes Gras fault schnell, daher nur eine dünne Lage ausbreiten.
- Angetrocknetes Gras kann in dickeren Schichten ausgebracht werden.
- Überschüssiges Gras sollte als Starter auf den Komposthaufen gegeben werden.

Stroh

- Geignet zur Beetabdeckung im Winter.
- Eine maximal 12 cm dicke Schicht ausbringen.
- Stroh verrottet nur sehr langsam.

Rindenmulch

- Unter Sträuchern und ausdauernden Pflanzen ausbringen. Hier unterdrückt er Unkrautwuchs.
- Rindenmulch eignet sich auch für Gartenwege, da er nur sehr langsam verrottet.
- Vorsicht in Beeten: Beim Zersetzen werden Substanzen frei, die viele Kulturpflanzen schädigen können.

Strohmulch unter Rosen

Herbstlaub

- Laubmulch kann schwere Gartenböden auflockern.
- Er verrottet über den Winter nur teilweise, daher nicht auf Beeten ausbringen, die für eine Aussaat im Frühjahr vorgesehen sind.
- Laub von Kastanien, Eichen und Walnußbäumen nicht verwenden, da die Blätter einen hohen Gerbsäuregehalt aufweisen. Gerbsäure wirkt wachstumshemmend auf viele Pflanzen.

Zerkleinerte Gartenabfälle

- Geeignet sind Schnittabfälle von Laubhecken, die am besten unter Sträuchern verteilt werden.
- Gehäckselte grüne Gartenabfälle eignen sich zum Mulchen von Tomaten und Gurken.

Pappen und Kartonagen

- Besonders empfehlenswert zur Bekämpfung unerwünschter Wildpflanzen.
- Geeignet ist nur verrottbare Pappe, die nicht farbig bedruckt oder geleimt sein darf.
- Den Boden mit der Pappe gut abdecken und mit einer Schicht aus Stroh oder Laub bedecken.
- Nach etwa einem Jahr die verrottete Pappe in den Boden einarbeiten – die „Unkräuter" sind verschwunden.

Auch mit Kompost und kompostiertem Dung läßt sich hervorragend mulchen, denn sie liefern viele wertvolle Nährstoffe und verbessern die Bodenstruktur, wenn sie von Bodenorganismen abgebaut werden.

Bodenbearbeitung

Seit jeher bestellen Gärtner ihren Boden mit Grabgabel und Spaten. Doch neuerdings wird immer mehr auf das Umgraben verzichtet, statt dessen überläßt man den Pflanzenwurzeln und Bodenorganismen diese Arbeit der Bodenlockerung. Beide Methoden haben ihre Vor- und Nachteile.

Wozu bestellt man den Boden?

	BODENSTRUKTUR	BODENZUSTAND
Bodenverhältnisse im Herbst	Der Boden ist durch Regen oder Begehen verdichtet. Nur wenige Bodenporen, dadurch besteht die Gefahr von Staunässe.	Die Nährstoffe sind von Feldfrüchten verbraucht oder ausgeschwemmt und außerhalb der Reichweite der Wurzeln.
Ideale Bodenverhältnisse für das Pflanzenwachstum	Eine lockere Krümelstruktur ermöglicht eine gute Durchwurzelung und aktives Bodenleben. Gut ausgebildete Bodenporen ermöglichen die Belüftung und optimale Versorgung mit Wasser.	Nährstoffe stehen genügend zur Verfügung und sind für junge Wurzeln im Bodenwasser verfügbar.
Auswirkung von Umgraben	Umgraben bewirkt eine drastische Störung des gesamten Bodenlebens.	Nur wenn keine andere Methode zur Lockerung extrem fester Böden oder zur Beseitigung von hartnäckigen „Unkräutern“ und Schädlingen zur Verfügung steht, kann im Notfall der Boden umgegraben werden.
Bearbeitung ohne Umgraben	Der Boden wird nicht betreten, Mulchschichten, Feldfrüchte oder Gründünger schützen ihn vor Regen. Der Boden wird durch Pflanzenwurzeln und Bodenorganismen gelockert.	Mulchen mit organischen Stoffen beläßt Nährstoffe im Oberboden, und Gründüngerpflanzen bereiten Nährstoffe wieder auf. Eine Bodenbedeckung verhindert das Auslaugen des Bodens durch Regen.

Umgraben: Für und Wider

Vorteile
- Durch Umgraben können Verdichtungshorizonte unter der Oberfläche aufgebrochen werden.
- Umgraben beseitigt einjährige und flachwurzelnde ausdauernde Unkräuter.
- Bodenlebende Pflanzenschädlinge können von Hand oder durch schädlingsvertilgende Tiere entfernt werden.

Nachteile
- Durch Umgraben wird das Bodenleben in empfindlicher Weise gestört, die meisten Tiere sterben.
- Auf Sauerstoff angewiesene Organismen wandern in die Tiefe, unter Sauerstoffabschluß lebende Organismen werden der Luft ausgesetzt.
- Der Boden bleibt nach dem Umgraben in der Regel unbedeckt, was zum Auswaschen der Nährstoffe, zu Bodenverkrustung durch starken Regen und zum Verstopfen der Poren durch feine Bodenteilchen führt.

Bodenlockerung

Wann man den Boden lockern sollte:
- Schwere, tonhaltige Böden werden im Herbst mit einer Grabgabel tiefgründig gelockert, damit der Ton dem Frost und der Witterung ausgesetzt wird.
- Leichte Böden werden im Frühjahr bearbeitet.
- Wenn die Erde gefroren oder so naß ist, daß sie an den Schuhen haftet, darf der Boden nicht bearbeitet werden.

Einige Grundregeln
- Eine scharfkantige, saubere Grabgabel verwenden.
- Nicht mit den Füßen auf das zu bearbeitende Beet treten. Legen Sie ein Holzbrett unter, so verteilt sich das Körpergewicht auf eine größere Fläche.
- Anzustreben ist, daß der Boden möglichst ganzjährig mit Pflanzenmaterial bedeckt ist.
- Überanstrengen Sie sich nicht und machen Sie öfter mal Pause. Schon mancher begeisterte Gärtner hat sich bei der Gartenarbeit einen Rückenschaden zugezogen.

Gebrauch einer Grabgabel

Stechen Sie die Grabgabel flach in den Boden und heben Sie das Erdreich etwas an. Dies genügt bei Böden, deren Unterboden nicht verdichtet ist. Größere Erdklumpen können zerkleinert werden. Bei schweren Lehm- oder Tonböden muß die Erde tiefgründiger gelockert werden.

Der Sauzahn

Zur Bearbeitung leichter, sandiger Böden und Gartenbeete eignet sich am besten der sogenannte Sauzahn. Ziehen Sie das Gerät vom Beetrand aus durch die Erde. Der Boden wird dadurch ausreichend und gut gelockert.

Nehmen Sie sich ein Beispiel an der Natur, die auch ohne jährliches Umgraben auskommt. Eine dichte Bepflanzung trägt wesentlich zur Auflockerung des Bodens bei. Das Übel beginnt da, wo der Boden über lange Zeit ungeschützt der Witterung ausgesetzt war oder übermäßig oft betreten wurde. Ersparen Sie Ihrem Boden jeden unnötigen Eingriff.

Wenn im Frühjahr verrotteter Mulch oder organischer Dünger in die Erde eingearbeitet werden muß, verwenden Sie am besten einen kurzzackigen Rechen, mit dem Sie die Materialien vorsichtig in den Boden einrechen. Anschließend können Sie die Beetoberseite dann mit der Rechenrückseite glätten.

Gärtnern im Beetsystem

Gut strukturierte Böden müssen überhaupt nicht bearbeitet werden. Es versteht sich fast von selbst, daß dies bei Obst, Sträuchern und mehrjährigen Blumen funktioniert. Wenn nach dem Pflanzen die Bodenstruktur mit einer Mulchdecke geschützt wird, dann erledigen die Wurzeln die restliche Arbeit.

Anders aber verhält es sich bei Gemüse und einjährigen Pflanzen, die regelmäßig gepflegt und geerntet werden. Ein solcher Garten muß bestellt werden, ohne daß man die Erde durch Begehen verdichtet.

Betreten verboten!

Bauen Sie die Pflanzen in schmalen, durch Wege getrennte Beeten an. Ein Beet sollte zwei Armlängen, also etwa 120 cm, breit sein, damit die Bearbeitung ausschließlich von den Wegen aus durchgeführt werden kann. Bei flachem Boden oder bei schlechter Entwässerung empfehlen sich Hochbeete. Schaufeln Sie deshalb den Oberboden der ausgehobenen Wege auf die Beete und rechen Sie darauf oberflächlich organisches Material ein. Verdichteter Boden muß vor dem Anlegen der Beete eventuell tiefgründig gelockert werden.

Beetkultur ohne Umgraben: Vor- und Nachteile

Vorteile

- Mühevolles Bücken und Umgraben wird Ihnen erspart.
- Der Unterboden bleibt, wo er hingehört.
- Der fruchtbare Oberboden wird nicht untergegraben.
- Die Bodenstruktur wird nicht durch Umgraben geschädigt.
- Würmer lieben Hochbeete!
- Betreten verboten: Der Boden bleibt locker.
- Es kann bei jedem Wetter geerntet werden.
- Platzsparender Anbau.
- Die Pflanzen schützen den Boden vor Erosion durch Regen.
- Bei eng gesetzten Pflanzen bleibt kein Raum für „Unkraut".
- Beetanlagen unterstützen die Entwässerung schwerer Böden.
- Nach anfänglichem Aufwand ist der spätere Arbeitseinsatz erheblich vermindert.
- Viele Wurzelgemüse, z. B. Möhren, können herausgezogen werden. Kohl sollten Sie ausgraben, damit keine Wurzelschädlinge im Boden verbleiben.

Nachteile

- Hochbeete auf leichten Böden trocknen schneller aus.
- Leider bevorzugen auch Mäuse, Schnecken, Drahtwürmer und andere Schädlinge Erde, die nicht umgegraben wird.
- Kartoffeln in Beetkulturen bringen geringere Erträge.

Beetkultur ohne Umgraben

Hochbeete können

- gewölbt sein oder von Brettern abgestützt;
- beliebig lang angelegt werden;
- von Nord nach Süd verlaufen, um die Sonneneinstrahlung maximal auszunutzen;
- Wege haben, die zum Begehen und für eine Schubkarre breit genug sind;
- zur besseren Erwärmung nach Süden geneigt werden.

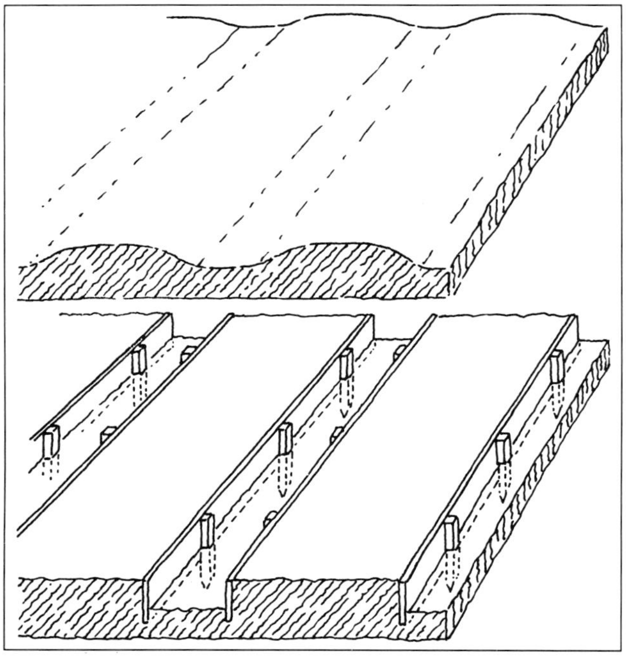

Anlage von Hochbeeten

Die Bepflanzung

Um die Erosion durch Regen zu begrenzen und die Bodenstruktur zu schützen, sollten Sie:

- Feldfrüchte wenn möglich dicht an dicht pflanzen;
- weitgesetzte Pflanzen wie Rosenkohl mit schnellwachsenden Arten wie Kopfsalat als Zwischenfrucht anbauen;
- bei weitgesetzten Pflanzen, beispielsweise Tomaten, Gründünger wie Luzerne untersäen;
- den Boden nicht unbewachsen lassen und deshalb in Töpfen angezogene Keimlinge auspflanzen statt zu säen;
- nach den Ernten Gründünger anbauen;
- bloßliegenden Boden mit einer Mulchschicht bedekken und den Gründünger vor dem Auspflanzen der Feldfrüchte zerkleinern, um seine Umsetzung zu beschleunigen.

Wer diese Ratschläge befolgt, nutzt den vorhandenen Platz bestmöglich aus und hält gleichzeitig unerwünschten Unkrautwuchs in Schach, welches durch die dichte Bepflanzung keine Chance mehr hat. Die Wurzeln der Gründüngerpflanzen tragen außerdem zur Bodenlockerung bei.

Hügelbeete

Die Anlage von Hügelbeeten ist ein anfänglich etwas arbeitsaufwendiges Verfahren, das einen Versuch aber durchaus lohnt. Bei einem Hügelbeet handelt es sich salopp gesprochen um eine Kreuzung zwischen einem Beet und einem Komposthaufen. Heben Sie zunächst eine 10–30 cm tiefe Grube aus, die der Flächenausdehnung des späteren Hügels entspricht. Als Breite empfiehlt sich 1,50 m, die Länge variieren Sie nach Bedarf. Zur optimalen Ausnutzung des Sonnenlichts sollten sie auf einen Nord-Süd-Verlauf achten. Häufen Sie in der Mitte der Mulde Pflanzenstengel, Reisig aller Art und sonstige verholzte Pflanzenteile auf. Dieser Haufen bildet den Hügelkern. Auf diesen ersten inneren Hügelaufbau legen Sie mit dem Grün nach unten ausgehobene Grassoden, gefolgt von einer etwa 25 cm dicken Lage aus feuchtem Laub und/oder Dung. Hervorragend geeignet ist Pferdemist, der zur Erwärmung des Bodens beiträgt. Das Ganze wird nun mit einer Schicht aus dem ausgehobenen Erdreich sowie grobem und feinem Kompost bedeckt, der festgeklopft wird. Die Schichten des Hügelbeets setzen sich im Lauf von vier bis fünf Jahren um; dabei geben sie Nährstoffe ab und bilden humusreiche Erde. Diese Anbaumethode eignet sich für fast alle Kulturpflanzen, insbesondere aber für starkzehrende Feldfrüchte wie Zucchini und Tomaten. Mit der Aussaat auf dem Hügelbeet kann bereits früh im Jahr begonnen werden, da sich durch die Verrottungsprozesse im Innern das Erdreich im Vergleich zur Umgebung erwärmt.

Aufbau eines Hügelbeets

Die Motorfräse

Viele Gärtner liebäugeln mit dem Kauf einer Fräse, doch lohnt sich für einen kleinen Garten die Anschaffung nicht. Hierbei handelt es sich nicht nur um eine Kostenfrage, vielmehr bringt der Einsatz eines solchen Geräts erhebliche Nachteile mit sich. Obwohl eine Fräse nur die Oberfläche lockert, kann ihr Gewicht die tieferen Bodenschichten erheblich verdichten. Wird sie häufiger eingesetzt, hat das eine ernsthafte Schädigung der Bodenstruktur zur Folge.

Die Vorbereitung der Saatbeete

Ein Freiland-Saatbeet eignet sich zur frühen Anzucht unterschiedlichster Pflanzen. Beachten Sie folgende Grundregeln:

- Wählen Sie einen windgeschützten, gut besonnten Platz.
- Bei Staunässe oder tonhaltiger Erde sollte das Beet im Herbst tiefgründig gelockert werden.
- Für den Winter gibt es verschiedene Möglichkeiten:
  - mit stickstoffarmem organischen Material, wie z. B. Laubkompost, mulchen, um die Oberfläche zu schützen;
  - Gründünger aussäen;
  - in schwere Tonböden vorsichtig Kalk einbringen und tiefwurzelnde Gründünger säen.
- Wenn nichts mehr geht: tonhaltigen Boden nach dem Auflockern ungeschützt der Witterung aussetzen, um ihn durch Witterungseinflüsse lockern zu lassen.
- Den Boden an einem trockenen, warmen Frühlingstag mit der Grabgabel lockern und ihn zwei Wochen lang mit Glas oder klarem Kunststoff abdecken, um so die Keimung von „Unkräutern" anzuregen, damit sie anschließend gejätet werden können. Schnecken werden auf diese Art ebenfalls an die Oberfläche gelockt und können leicht abgesammelt werden. Zusätzlich wird die Feinstruktur des Bodens vor Regen geschützt, und der Boden erwärmt sich schneller. Entfernen Sie die Abdeckung an einem warmen Tag und rechen Sie anschließend die Beetoberfläche. Manche Gärtner unterstützen den Keimvorgang mit einer Gabe von ca. 130 g Knochenmehl/m^2.
- Bringen Sie die Samen in Rillen oder breitwürfig aus; bei trockenem Boden müssen die Saatrillen vorher gewässert werden.
- Die Samen leicht mit Erde bedecken. Auf schweren Böden können Samen mit einer dünnen Schicht Feinkompost abgedeckt werden, um so ihre Keimung zu unterstützen.
- Wenn Sie das Beet bewässern, sollten Sie eine Gießkanne mit Brausekopf oder einen Rasensprenger verwenden, um die Saatbeetkrume nicht zu schädigen.

Verkrustung

Saatbeete neigen zum oberflächlichen Verkrusten, wobei die Struktur der Bodenoberfläche zusammenfällt und eine feste, dünne Schicht bildet. Schuld ist meistens heftiger Regen, die anfälligsten Opfer sind Sand- und Schluffböden. Doch Verkrustung läßt sich verhindern, indem Sie:

- die Oberfläche mit einem Folie abdecken;
- einen Frühbeettunnel über die Pflanzen stülpen (aber nicht das Wässern vergessen);
- eine dünne Schicht fein zerkleinertes organisches Material aufbringen.

Ist der Boden bereits verkrustet, sollten Sie ihn zwischen den Pflanzen vorsichtig hacken, damit er dort wieder aufbricht. Anschließend mit einer Gießkanne vorsichtig wässern.

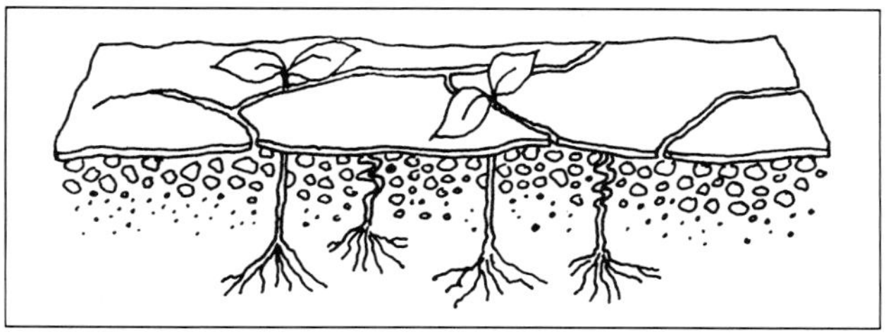

Verkrustung

Zu lockerer Boden

In manchen Saatbeeten ist die Erde so locker aufgeworfen, daß die Pflanzenwurzeln nicht mit den Bodenteilchen und den wasserführenden Schichten in Berührung kommen können. Dies kann bei Sand- und Moorböden nach Frost der Fall sein. Wenn die Erde sich sehr weich und locker anfühlt und beim Betreten einen Daumenbreit einsinkt, dann muß sie eventuell gefestigt werden. Die beste Methode ist, sie behutsam mit der Rückseite eines Rechens festzuklopfen.

Umsetzen von Jungpflanzen

Beim Verpflanzen von Setzlingen darf der Boden nicht zu naß und nicht zu weich sein, da Gartenkelle oder Pflanzholz dann dieselbe Wirkung haben wie ein schwerer Stiefel! Vor dem Auspflanzen hebt man Pflanzlöcher aus, die gerade so groß sind, daß die Sämlinge einschließlich des Wurzelballens hineinpassen.

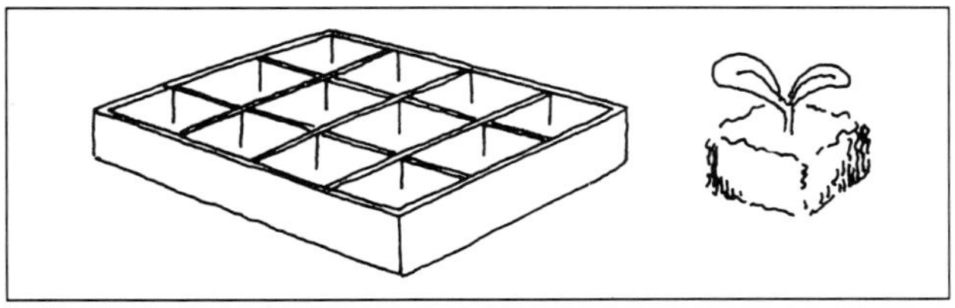

Fruchtwechsel

Gemüsepflanzen lassen sich in Gruppen einteilen, die einen ähnlichen Nährstoffbedarf haben und von den gleichen Schädlingen heimgesucht werden. Fruchtfolge oder Fruchtwechsel bedeutet, auf einem Stück Land nicht über mehrere Jahre hintereinander die gleichen Gemüsesorten anzubauen, sondern vielmehr jährlich zu wechseln. Dieser Fruchtwechsel verhindert nicht nur die Auslaugung des Bodens und seine dauerhafte Besiedlung mit Schädlingen und Krankheitskeimen, sondern vereinfacht auch die Bodenpflege.

- Tief- und flachwurzelnde Feldfrüchte können abwechselnd angebaut werden, um die Nährstoffe der verschiedenen Bodenschichten zu erschließen.
- Nutzpflanzen, die den Boden nicht völlig bedecken, können im Wechsel mit bodenbedeckenden Sorten angebaut werden, um die Struktur zu schützen.
- Um dem Bedarf der Pflanzen gerecht zu werden, können Starkzehrer im Wechsel mit nährstoffanreichernden Saaten (Leguminosen) angebaut werden.

Feldfrüchte, die nicht zu den genannten Gruppen zählen – wie Zucchini, Mais und Kopfsalat –, können in einem eigens dafür reservierten Jahr angebaut oder auch eingefügt werden. Dennoch sollten Sie auch sie nach den Regeln des Fruchtwechsels behandeln, und nicht zwei Jahre hintereinander an die gleiche Stelle pflanzen. Diese Feldfrüchte gedeihen durch Kompostgaben besonders gut.

Eine Vier-Jahres-Fruchtfolge

JAHR	PFLANZE	DÜNGUNG	ZUSATZINFORMATIONEN
1	Kartoffeln/Tomaten, eventuell gefolgt von Gründünger, z. B. Roggen	Mist/Kompost	Bedecken den Boden, schützen die Bodenstruktur
2	Erbsen/Bohnen, eventuell gefolgt von Gründünger	Keine; Erbsen und Bohnen sammeln ihren eigenen Stickstoff	Ernähren sich von Humus des Vorjahres, bedecken den Boden im Winter
3	Kohlarten	Kalk, z. B. kohlensaurer Düngekalk oder Algenkalk	Können zum Schutz des Bodens mit Leguminosen-Gründünger untersät werden
4	Wurzelgemüse / Zwiebeln, gefolgt von einem schnell wachsenden Gründünger wie Senf, bevor erneut Kartoffeln gesetzt werden		Tief wurzelnd

Der Boden: sauer oder alkalisch?

Der pH-Wert, dessen Skala von 1 bis 14 reicht, ist der Maßstab dafür, wie sauer oder alkalisch der Boden ist. Der Neutralpunkt liegt bei 7. Ein pH-Wert unter 7 bedeutet einen sauren Boden, pH-Werte über 7 zeigen alkalische Böden. Der pH-Wert des Bodens liegt in der Regel etwa zwischen 3,5 und 8,5. Der Säuregehalt beeinflußt das Bodenleben, die Verfügbarkeit von Nährstoffen und damit das Pflanzenwachstum.

pH-Wert des Bodens			Niedriger pH-Wert				Hoher pH-Wert	
	<-----		sauer	-----	neutral	-----	alkalisch	----->
	3	4	5	6	7		8	9
Pflanzen	für Kulturpflanzen nicht geeignet	Nadelbäume Heidekraut Rhododendren Kamelien Azaleen	Gräser für Rasen	Baum- und Beerenobst	fast alle Kulturpflanzen	Kohl Hülsenfrüchte	Spinat Clematis	für Kulturpflanzen nicht geeignet

Auswirkungen sauren Bodens:

- Die Bakterienaktivität läßt nach.
- Unter pH 5,7 bilden die Wurzeln der Leguminosen keine Stickstoffknöllchen mehr.
- Unter pH 4,5 bleiben die Regenwürmer aus.
- Giftstoffe können im Boden gelöst und damit aktiviert werden.
- Kohl erkrankt schneller an Kohlhernie.

Auswirkungen alkalischen Bodens:

- Kalk kann mit Mist reagieren, dabei Ammoniak freisetzen und Stickstoffdünger verbrauchen.
- Viele Nährstoffe sind nicht mehr verfügbar.
- Kartoffeln werden anfällig für Schorf.

Verfügbarkeit von Nährstoffen

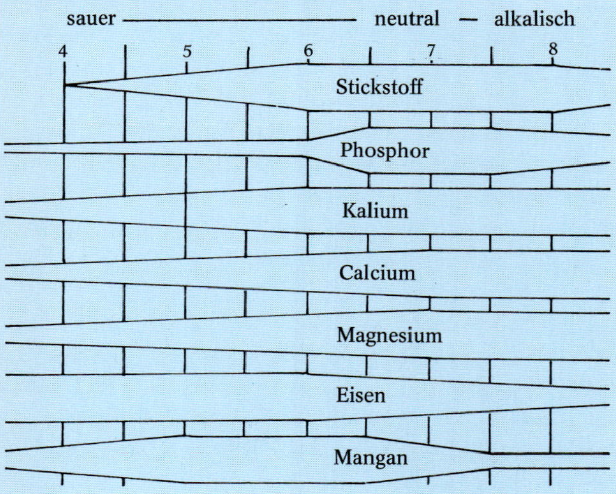

Die Messung des pH-Werts

Der pH-Wert ist ein Maß für die Konzentration der Wasserstoff (H^+)-Ionen in der Bodenlösung. Von pH-Zahl zu pH-Zahl verzehnfacht sich jeweils der Gehalt der H^+-Ionen. Die Wasserstoffionen werden im Boden auf verschiedene Weise freigesetzt:

- Bodenorganismen geben im Lauf ihrer Atmung Kohlendioxid ab, welches sich mit Wasser zu Kohlensäure verbindet, die sich wiederum in Hydrogenkarbonat und H^+-Ionen spaltet.
- Pflanzenwurzeln sondern bei der Aufnahme kationischer (negativ geladener) Nährstoffe im Gegenzug ein H^+-Ion ab.
- Die Düngung mit Superphosphat, Harnstoff und Ammoniumphosphat bewirkt eine weitere Erhöhung der H^+-Ionenkonzentration
- Luftverunreinigungen wie Stickoxide im Niederschlag gelöst führen zu einer Versauerung des Regens und damit der Böden.

Will man den pH-Wert eines Bodens bestimmen, so empfiehlt sich die Verwendung von Indikatorstäbchen. Zunächst stellt man eine sogenannte Aufschlämmung her, indem 10 g luftgetrockneter Boden mit 30 ml destilliertem Wasser verrührt werden. Nun wird ein Teststäbchen in der auf der Packung angegebenen Dauer in die Flüssigkeit gehalten und der Farbumschlag der Indikatorfläche betrachtet. Ein Vergleich mit einer Standard-Farbskala ergibt einen Anhaltswert.

Wer eine größere Genauigkeit anstrebt, sollte sich ein pH-Meter besorgen, welches eine exaktere Bestimmung erlaubt.

Was man mit den Meßwerten anfängt

Es ist einfacher, dem Säuregehalt des Bodens angepaßte Zierpflanzen anzubauen, als zu versuchen, den pH-Wert zu verändern (geeignete Pflanzen siehe Seite 18). Azaleenfreunde brauchen nicht zu verzweifeln: Man kann säureliebende Pflanzen auch auf einem neutralen Boden anbauen. Dazu gräbt man sie mitsamt ihren Töpfen ein, die zu drei Vierteln mit saurem Kompost und zu einem Viertel mit Sand gefüllt sind.

Die meisten Gemüsearten bevorzugen einen pH-Wert von etwa 6,5. Kartoffeln gedeihen auf sauren Böden (pH 5,5–6,0), auf denen die Pilze, die Kartoffelschorf verursachen, nicht überleben können; Kohl sollten Sie bei einem pH von 6,5 bis 7,0 ziehen, um das Risiko von Kohlhernie zu verringern; Baum- und Beerenobst bevorzugen leicht saure Böden (ca. pH 6,0).

So wird der Boden alkalischer:

- Kalkdünger ausbringen.
- Beinwelljauche ist alkalisch und hebt den pH-Wert leicht an.
- Tonhaltige Gesteinsmehle mehrmals während der Vegetationsperiode ausbringen.

So wird der Boden saurer:

- Kompostierten Mist oder sauren Kompost hinzugeben.
- Hände weg von Torf: Der ökologische Schaden beim Abbau von Torf ist größer als sein Nutzen im Garten!
- Legen Sie auf stark alkalischen Böden Hochbeete an und mulchen Sie mit saurem Kompost und Mist. Hochbeete verhindern auch den Zufluß kalkhaltigen Wassers aus der umliegenden Erde.
- Eingefaßte Hochbeete werden mit drei Teilen saurem Kompost und einem Teil Sand gefüllt, um säureliebende Pflanzen wie Rhododendron darauf anzubauen.

Der ungefähre pH-Wert eines Bodens läßt sich bereits an den darauf wachsenden Pflanzen ablesen. So können Hortensien die Eigenschaften des Bodens, sauer oder alkalisch, anzeigen: Auf alkalischen Böden blühen sie rosa bis rot/purpur, während sich die Blüten auf sauren Böden blau bis blauviolett färben.

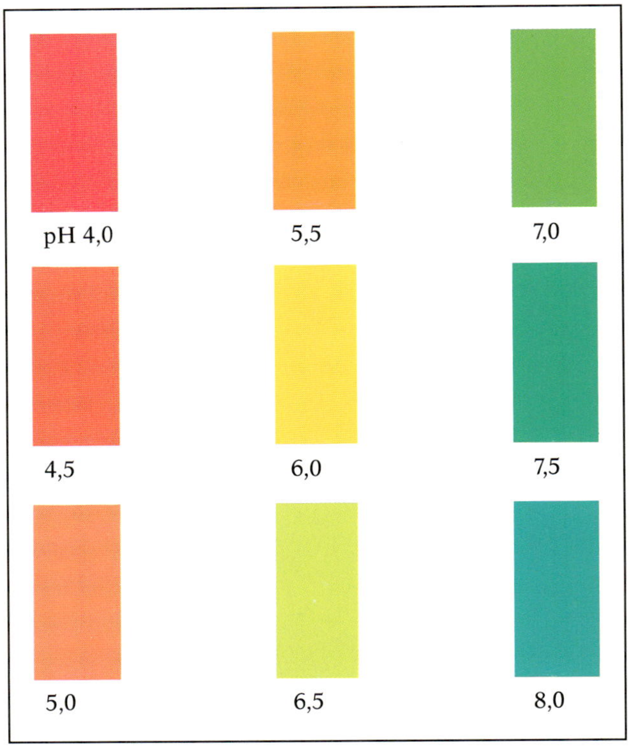

Anwendung von Kalk

Mit dem Wort „Kalk" wird eine Reihe von calciumhaltigen Substanzen bezeichnet. Dazu gehören Kalkstein, Kreide, Löschkalk und gemahlener Dolomit.

- Früher wurde Kalk direkt auf die Oberfläche von Beeten gestreut oder in den Mutterboden eingearbeitet. Naturgemäß wirtschaftende Gärtner verzichten jedoch auf direkte Kalkgaben, die langfristig einen Raubbau an jedem Boden bewirken. Wenn, dann sollte zudem nur kohlensaurer Kalk Verwendung finden, der in dieser Form auch in der Natur vorkommt.
- Überprüfen Sie anhand des pH-Werts jährlich, ob Kalkgaben überhaupt notwendig sind; natürliche Kalkpräparate halten mehrere Jahre vor. Tonböden benötigen eventuell mehr Kalk als Sandböden.
- Durch starken Regen wird Kalk ausgewaschen, betroffene Böden daher rechtzeitig mulchen.

Kalken oder nicht kalken?

- Liegt der pH-Wert Ihres Bodens bei 6,5 oder darüber, dann ist keine Kalkzufuhr erforderlich. Zuviel Kalk ist schädlich und kann wichtige Nährstoffe binden.
- Kommt Kalk mit frischem Mist zusammen, dann entweicht der im Mist enthaltene Stickstoff als Ammoniak in die Atmosphäre.

Was bewirkt Kalk?

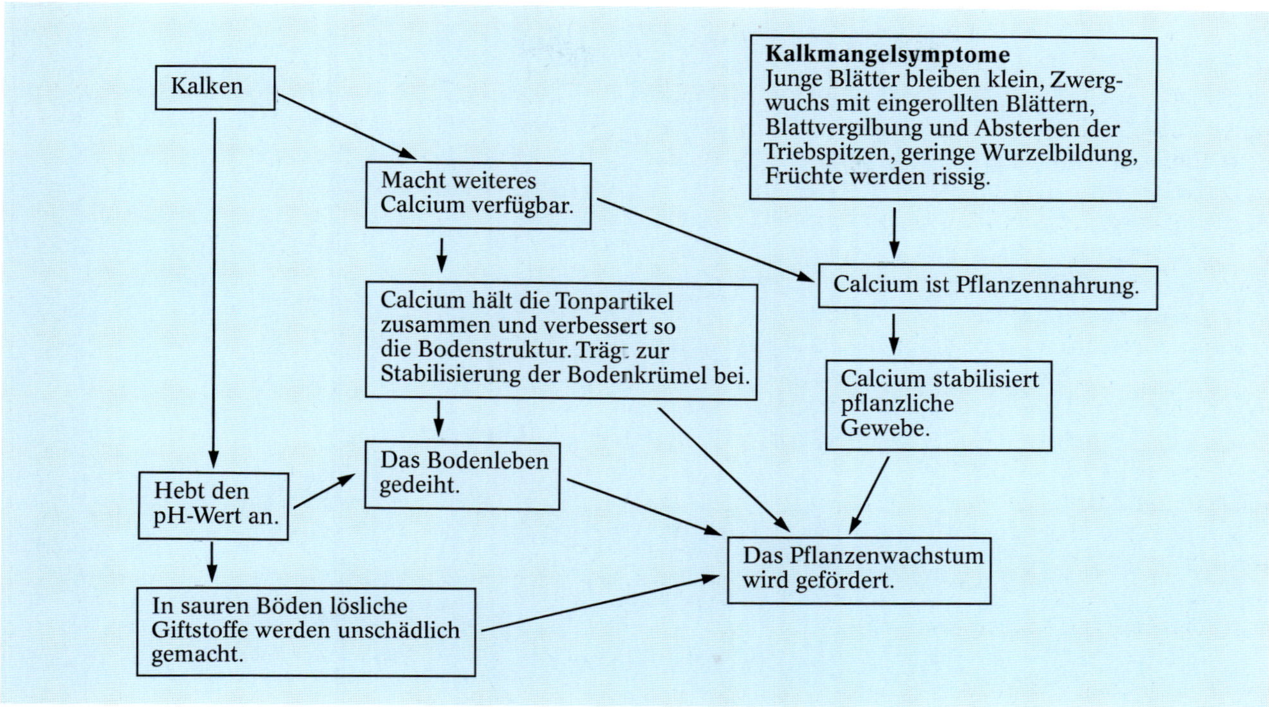

Kalkhaltige Mineraldünger

BEZEICHNUNG	BESTANDTEILE	ANWENDUNG	MENGE	ERLÄUTERUNG
Gesteinsmehl	Gestein, das Calciumkarbonat enthält.	Mehrmals jährlich, bis der gewünschte pH-Wert erreicht ist.	100–250 g/m²	Neutralisiert sauren Boden. Langsame Freisetzung, sanfte Wirkung. Liefert Calcium.
Dolomitkalk (Magnesiumkalk)	Natürlich vorkommendes Gestein, das Calcium- und Magnesiumkarbonat enthält.	Mehrmals oder einmal jährlich im Herbst, bis der gewünschte pH-Wert erreicht ist.	100–250 g/m²	Neutralisiert sauren Boden. Langsame Freisetzung, sanfte Wirkung. Liefert Calcium und Magnesium.
Algenkalk	Rotalgen, die zum größten Teil aus Calciumkarbonat bestehen.	Zu jeder Jahreszeit, auf Rasenflächen und Beeten.	40 g/m²	Neutralisiert sauren Boden. Langsame Freisetzung, sanfte Wirkung. Liefert Calcium, Magnesium und Spurenelemente. Nicht bei einem Boden-pH-Wert über 6,5 verwenden.
Mergel	Eine Mischung aus Ton und Calciumkarbonat.	Im Herbst, auf Tonböden.	Laut Beipackzettel.	Wegen des Ton- und Calciumgehalts gut für Sandböden. Neutralisiert sauren Boden.
Löschkalk	Gebrannter und angefeuchteter Kalk.	Nicht verwenden.		Für den Gebrauch im Naturgarten nicht zu empfehlen.
Holzasche	Reich an Kalk, Phosphorsäure und Kalium.	Im Herbst in geringen Mengen auf Beete und ganzjährig auf Komposthaufen streuen.	100–250 g/m²	Zu hohe Kaliumgehalte hemmen das Pflanzenwachstum. Ausnahme: Wurzelgemüse haben einen hohen Kaliumbedarf.

Pflanzennährstoffe

Im Lauf der Photosynthese bilden Pflanzen aus Kohlenstoff (C), Wasserstoff (H) und Sauerstoff (O) aus der Luft und dem Wasser Zucker. Alle anderen Nährstoffe und Spurenelemente müssen sie über die Wurzeln aus dem Boden aufnehmen. Die wichtigsten sind Stickstoff (N), Phosphor (P), Kalium (K), Magnesium (Mg) und Calcium (Ca). Spurenelemente werden zwar nur in sehr viel kleineren Mengen benötigt, doch sind sie für das Pflanzenwachstum unabdingbar. Hierzu gehören Eisen, Zink, Kupfer, Mangan, Bor und Molybdän. Chemische Dünger (Kunstdünger) sind wasserlöslich und geben ihre Nährstoffe direkt an die Pflanze ab.

Das geht zwar schnell, hat jedoch viele Nachteile.

- Überdüngte Pflanzen produzieren zuviel Saft und werden weich und schwammig. Solche Pflanzen sind anfälliger für Schädlinge und Krankheiten.
- Die Pflanzen erhalten nicht die richtige Mischung von Spurenelementen. Molybdän macht zwar nur

Nährstoffe und ihre Wirkung

NÄHRSTOFF	FUNKTION	MANGELSYMPTOME	HERKUNFT
Stickstoff (Ammonium oder Nitrat)	Für den Eiweißaufbau notwendig. Bestandteil des grünen Blattfarbstoffs. Fördert Blatt- und Triebwachstum.	Ältere Blätter vergilben. Pflanzen verkümmern. Nitrate werden leicht aus dem Boden gewaschen.	Stickstoff stammt nicht aus Gestein, sondern vorwiegend aus gut verrottetem organischem Material. Hülsenfrüchte, Gründünger; Blut-, Fisch- und Knochenmehl; Huf- und Hornspäne und stickstoffsammelnde Bakterien (Azotobakter) tragen zur Stickstoffversorgung bei.
Phosphor (Phosphat)	Wichtig für das Wurzelwachstum, die Keimung und Entwicklung der Sämlinge.	Verkümmerte Wurzeln. Rotbraune Färbung auf alten Blättern. Phosphor ist bei hohem oder niedrigem pH-Wert nicht mehr verfügbar.	Aus organischem Material. Rohphosphat (Apatit); Blut-, Fisch- und Knochenmehl. Mykorrhiza-Pilze können der Pflanze bei der Phosphataufnahme helfen.
Kalium (Holzasche oder Kalium-karbonat)	Am Eiweißaufbau beteiligt. Beeinflußt Beschaffenheit von Früchten und Blumen. Erhöht die Widerstandskraft gegen Schädlinge und Krankheiten. Beeinflußt die Aufnahme anderer Nährstoffe.	Kleinwüchsigkeit. Blätter mit gelben/braunen Rändern. Kalium wird leicht ausgewaschen, kann sich jedoch mit Ton und organischem Material verbinden.	Aus organischem Material. Meeresalgen; Beinwell; Holzasche aus jungen Zweigen. Holzasche wird jedoch leicht aus dem Boden gewaschen.
Magnesium	Nötig zur Bildung von Chlorophyll (Blattgrün).	Blätter werden zwischen den Adern gelb. Ältere Blätter vergilben zuerst.	Aus organischem Material. Dolomit (Kalkstein) und Meeresalgen.
Calcium	Am Eiweißaufbau beteiligt. Stärkt den Zellverbund.	Triebspitzen bei Tomaten sterben ab, Kopfsalatspitzen werden braun. Verringertes Wurzelwachstum. Wird durch Regen ausgewaschen.	Aus organischem Material. Pilzsubstrat und kohlensaurer Kalk oder Algenkalk. In verschiedenen Wildkräutern wie Kamille, Beinwell, Gänsefingerkraut und Schachtelhalm enthalten. Ein gesunder Boden unterstützt die Pflanzen bei der Calciumaufnahme.
Schwefel	Am Eiweiß- und Chlorophyllaufbau beteiligt. Wichtig für Kohl und Zwiebeln.	Pflanzen verkümmern und färben sich gelb. Selten.	Aus organischem Material. Meeresalgen; Gips (Calciumsulfat).
Spuren-elemente	Eine Vielzahl von Funktionen.	Zahlreiche verschiedene Symptome.	Aus organischem Material. In gesundem Boden. Algenpulver; flüssiger Algendünger; Pflanzenjauche; Mykorrhiza-Pilze.

0,00001 % der Nährstoffe aus, doch wenn es nicht verfügbar ist, kränkelt die Pflanze.

- Kunstdünger düngt die Pflanzen, nicht den Boden.
- Der oft hohe Salzgehalt von Kunstdünger tötet die Bodenlebewesen, insbesondere Regenwürmer sind anfällig. Das Ergebnis ist eine Abnahme der Humusschicht. Salz auf Tonböden führt zudem dazu, daß die Struktur des Bodens geschädigt wird und eine zähe, klebrige Masse entsteht.

Biologisch wirtschaftende Gärtner ernähren die Kleinlebewesen des Bodens mit wiederverwerteten Feststoffen wie Kompost und Gründünger, die Bodenorganismen geben dann wasserlösliche Nährstoffe an die Pflanzen ab – langsam und in ausgewogener, für die Pflanzen optimaler Zusammensetzung.

In manchen Fällen ist aber noch eine Zusatzdüngung mit handelsüblichen organischen Düngern angebracht. Diese Dünger sind im Vergleich zu Kunstdünger nur schwer wasserlöslich und geben den Bodenlebewesen Nahrung, ohne die organische Masse im Boden zu vermehren. Eine Zusatzdüngung ist notwendig, wenn

- bei mehreren Ernten pro Jahr;
- zur Behebung von Mangelerscheinungen ein bestimmter Nährstoff nötig ist;
- organische Stoffe nicht verfügbar sind;
- der Garten neu angelegt wird;
- nach Schädlingsbefall.

Organische Dünger und Mineraldünger

Die folgende Auflistung gibt Annäherungswerte, die je nach Quelle voneinander abweichen.
Aufgeführte Nährstoffe: Stickstoff (N), Phosphor (P) und Kalium (K).

BEZEICHNUNG	NÄHRSTOFFE (%)	NUTZEN	ANWENDUNG	ANMERKUNG
Blutmehl 	N: 14–15 P: 1,5 K: 0,8 Spurenelemente: viele	Ein generell verwendbarer Dünger zur Förderung von Blatt-und Wurzelwachstum.	100–200 g/m². Als Bodendüngung (vor dem Pflanzen) oder als Oberflächendüngung für wachsende Pflanzen (um die Pflanzen herum auf die Bodenoberfläche streuen).	Stickstoff wird schnell freigesetzt, was zu kräftigem Wuchs führt, Phosphat wird langsam abgegeben, wodurch die Wurzeln kräftig werden.
Hornspäne/Hornmehl 	N: ca. 13,0 P: 5 K: 0,0 Spurenelemente: wenig	Für Pflanzen, die für das Blattwachstum nach dem Winter eine langsame und langfristige Versorgung mit Stickstoff benötigen, z. B. Kohl im Frühling und Schwarze Johannisbeeren.	60–120 g/m². Als Bodendüngung einige Wochen vor der Aussaat oder als Oberflächendüngung an die wachsenden Pflanzen.	Stickstoff wird langsam freigesetzt.
Knochenmehl 	N: 3,5 P: 25 K: 0,1 Spurenelemente: wenig	Phosphatquelle für Erdbeeren, Obstbäume, Sträucher, Rosen und Kräuter. Fördert das Wurzelwachstum von Wurzelgemüse.	120 g/m². Als Bodendüngung für die wachsenden Pflanzen, bei Wurzelgemüse in Saatrillen einstreuen.	Wegen der Erkrankungsgefahr immer nur hitzesterilisiertes Knochenmehl verwenden. Als Vorsichtsmaßnahme können Handschuhe getragen werden.
Regenwurmerde 	N: 2,0 P: 4,0 K: 1,0 Spurenelemente: viele	Zur Boden- oder Oberflächendüngung für Topfpflanzen, als Kompost oder vollständiger Dünger. Hervorragender Kompoststarter.	100 g/m²	Verbessert die Bodenstruktur, fördert das Bodenleben. Düngt Boden und Pflanzen. Hoher Anteil nützlicher Mikroben. K-Gehalt geringfügig höher, wenn die Würmer mit Algen gefüttert werden.

BEZEICHNUNG	NÄHRSTOFFE (%)	NUTZEN	ANWENDUNG	ANMERKUNG
Pottasche (Kaliumkarbonat) 	N: 0,0 P: 0,0 K: 10,0 Spurenelemente: 0,0	Bodendüngung zur langfristigen Bodenverbesserung.	200 g/m²	Zur Behandlung von Kalimangel; wird sehr langsam freigesetzt.
Rohphosphat 	N: 0,0 P: 26,0 K: 0,0 Spurenelemente: 0,0	Bodendüngung zur Behandlung von Mangelerscheinungen und zur Anregung des Wurzelwachstums.	20 g/m²	Reines Gesteinsmehl zur langfristigen Verbesserung von Böden mit Phosphatmangel.
Holzasche 	N: 3,7 P: 5,0 K: 3,1 Spurenelemente: einige	Ausgezeichnet als Zugabe zum Komposthaufen.		Zur Herstellung junge, grüne Zweige verwenden. Liefert Kalium und Calcium. Sehr leicht löslich.
Algenpulver 	N: 2,8 P: 0,2 K: 2,5 Spurenelemente: viele	Boden- oder Oberflächendüngung für Pflanzen und Rasenflächen. Kompoststarter.	100–200 g/m²	Ein hervorragender Dünger, der dem Boden Nährstoffe gibt und die Struktur verbessert. Enthält viele organische Verbindungen, die das Bodenleben und Pflanzenwachstum anregen.
Beinwell 	N: 0,02 P: 0,03 K: 0,05	Als Jauche ein Stärkungsmittel. Kompoststarter. Besonders geeignet zur Tomatendüngung.	Wöchentlich ca. 5 l (verdünnt) auf Tomaten, Paprika, Kürbisgewächse, Erbsen und Bohnen ausbringen.	Herstellung: Auf 10 l Wasser 1 kg kleingeschnittener Beinwell, täglich rühren, nach 1–2 Wochen gebrauchsfertig. Keine Metallgefäße verwenden! Das Gefäß an einem warmen Ort aufstellen. Den flüssigen Auszug auf 10:1 - 20:1 verdünnen. Nur an einem trüben Tag sprühen, damit die Pflanzenblätter nicht verbrennen. Beinwell- und Algenauszüge verbessern die Bodenstruktur und fördern das Bodenleben.
Brennesseljauche	Brennesseln enthalten weniger Kalium, mehr Stickstoff und viel Eisen. Herstellung wie Beinwelljauche.			

Achten Sie darauf, daß Sie keine Handelsdünger erwerben, die aus Abfällen der Massentierhaltung hergestellt sind, da die Gefahr einer starken Belastung mit Antibiotika und Hormonen besteht. Wann immer möglich, sollten Sie ihren Kompost und wichtige Dünger wie Pflanzenjauchen selbst herstellen.

Die Entwässerung des Bodens

Eine wirksame Entwässerung staunasser Böden ist für eine erfolgreiche Bodenbestellung unentbehrlich. Überschüssiges Wasser verdunstet in der Regel vom Boden oder über die Pflanze (Transpiration), es fließt über die Oberfläche ab oder sickert durch die Erde ins Grundwasser.

Manchmal muß man aber dem Wasserabfluß nachhelfen, denn zuviel Wasser kann die Bodenstruktur zerstören. In staunassen Böden können die Bodenorganismen nicht atmen, Pflanzen und ihre Wurzeln bleiben kleinwüchsig, Nährstoffe sind nicht mehr verfügbar.

Auswirkungen der Entwässerung:
- Erhöhung der Bodentemperatur,
- Strukturverbesserung,
- wirksamere Durchlüftung,
- Beschleunigung des Umsatzes von organischem Material,
- Förderung des Bodenlebens,
- Keimung wird erleichtert,
- Verringerung der Erkrankungsgefahr,
- Nährstoffe sind besser verfügbar.

Die Verbesserungsmaßnahmen richten sich nach den Ursachen für die Staunässe.

Schwere Böden

Durchnäßte Ton- und Schluffböden lassen sich entwässern, indem man:
- Streusand, Sand und organisches Material einarbeitet;
- in Tonböden calciumhaltige Mineralien einbringt.

Ist die Struktur erst einmal verbessert, läßt sie sich beibehalten, indem man:
- den Boden, vor allem bei Nässe, nicht betritt;
- die Bodenoberfläche bedeckt hält;
- Beete anlegt;
- Entwässerungsgräben zieht.

Verdichtete Böden

Verdichtete Böden haben eine harte, feste Schicht unmittelbar unter dem Oberboden, den sogenannten Verdichtungshorizont, der meist durch Druck auf die Oberfläche entstanden ist. Bei Nässe staut sich in diesen Böden das Wasser, während bei Trockenheit die Pflanzen rasch verdorren, da die Wurzeln nicht durch den Verdichtungshorizont ans Wasser gelangen können. Solche Verdichtungen können in jedem Boden auftreten. Anzeichen dafür sind:
- Pfützen nach Niederschlägen;
- flache Wurzeln, Kleinwüchsigkeit;
- Verdickung und Verformung der Wurzeln auf Sandböden beim Eindringen in die verfestigte Schicht.

In den Gärten von Neubauten ist der Boden oft verdichtet, aber auch die maschinelle Bearbeitung mit einer Hackfräse kann die tieferliegenden Bodenschichten verfestigen.
Verdichtungen lassen sich beheben, indem man
- den Boden tiefgründig auflockert;
- mehr Oberboden schafft;
- den Verdichtungshorizont mit Hilfe eines Vorschlaghammers und einer schweren Eisenstange aufbricht (brutal, aber wirksam).

Auch hier gilt: Eine gute Bodenstruktur kann auch durch Einarbeiten von organischem Material und Aussaat tiefwurzelnder Gründüngerpflanzen erzielt werden. Die Oberfläche sollte stets geschützt werden.

Staunasse Böden

Wenn die starke Durchnässung anhält, dann hilft eine der folgenden Methoden:

Sickergrube
Graben Sie eine ca. 1 m^3 große Grube, die Sie mit Ziegeln auslegen, mit Steinen und Schotter füllen und mit Rasensoden abdecken.

Eine solche Sickergrube nimmt zwar eine gewisse Menge Wasser auf, doch taucht das alte Problem erneut auf, sobald sie voll ist.

Hochbeete

Hochbeete ermöglichen den Anbau von Pflanzen über der durchnäßten Bodenschicht.

Entwässerungsgräben

Liegt das vernäßte Land am Hang, dann können Sie parallel zu diesem am oberen Teil des Grundstücks einen Graben anlegen, der das nach unten abfließende Wasser auffängt und ableitet. Verbinden Sie diesen Graben durch Abflußkanäle und -rohre mit einem zweiten Graben am unteren Ende des Hangs.

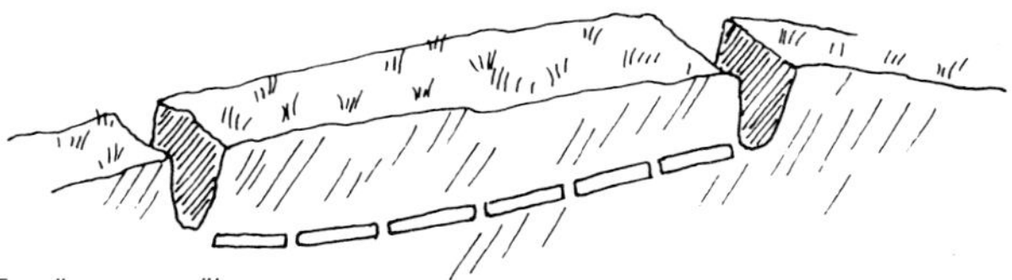

Entwässerungsgräben

Entwässerungssysteme

Zu einem Entwässerungssystem gehört ein Abfluß, wie beispielsweise ein Entwässerungsgraben.

Konstruktion

- Legen Sie zur Vermeidung weiterer Verdichtungen das Entwässerungssystem erst dann an, wenn der Boden so eben feucht ist.
- In kleinen Gärten genügt eine einfache Leitung, während große Gärten oft ein Rohrnetz erfordern. Auf staunassen Böden sollten die Leitungen in einem Abstand von 2–3 m gelegt werden.
- Heben Sie einen 45 cm tiefen Graben aus und achten Sie auf ein gleichmäßiges Gefälle zum Abfluß hin.
- Füllen Sie die Gräben 15 cm hoch mit Kies oder Ästen und bedecken Sie sie mit einer 30 cm hohen Schicht Erde.
- Sie können statt dessen auch einen bis zu 60 cm tiefen und 30 cm breiten Graben ausheben, den Sie 10 cm hoch mit Kies aufschütten. Dann legen Sie im Fachhandel erhältliche Drainagerohre (aus Keramik oder Kunststoff) von 50–75 mm Durchmesser hinein.
- Bei Keramikrohren muß ein geringer Abstand zum Erdreich gehalten werden, damit das Wasser eindringen kann; durch Abdecken mit Schieferplatten verhindern Sie ein Verstopfen.
- Legen Sie das Grabennetz so an, daß die inneren Enden der Rohre mit den Anschlüssen der Hauptleitung zusammentreffen.
- Decken Sie die Leitungen mit einer 10 cm hohen Kiesschicht ab und füllen Sie die Gräben mit Oberboden auf.
- Wirksame Drainagesysteme reagieren bei Regen schnell und leiten schon einen Tag nach Beginn einer Regenperiode das Wasser ab.
- Am Fuß einer Stützmauer ist manchmal eine Rohrdrainage nötig, da sich dort Wasser stauen kann.

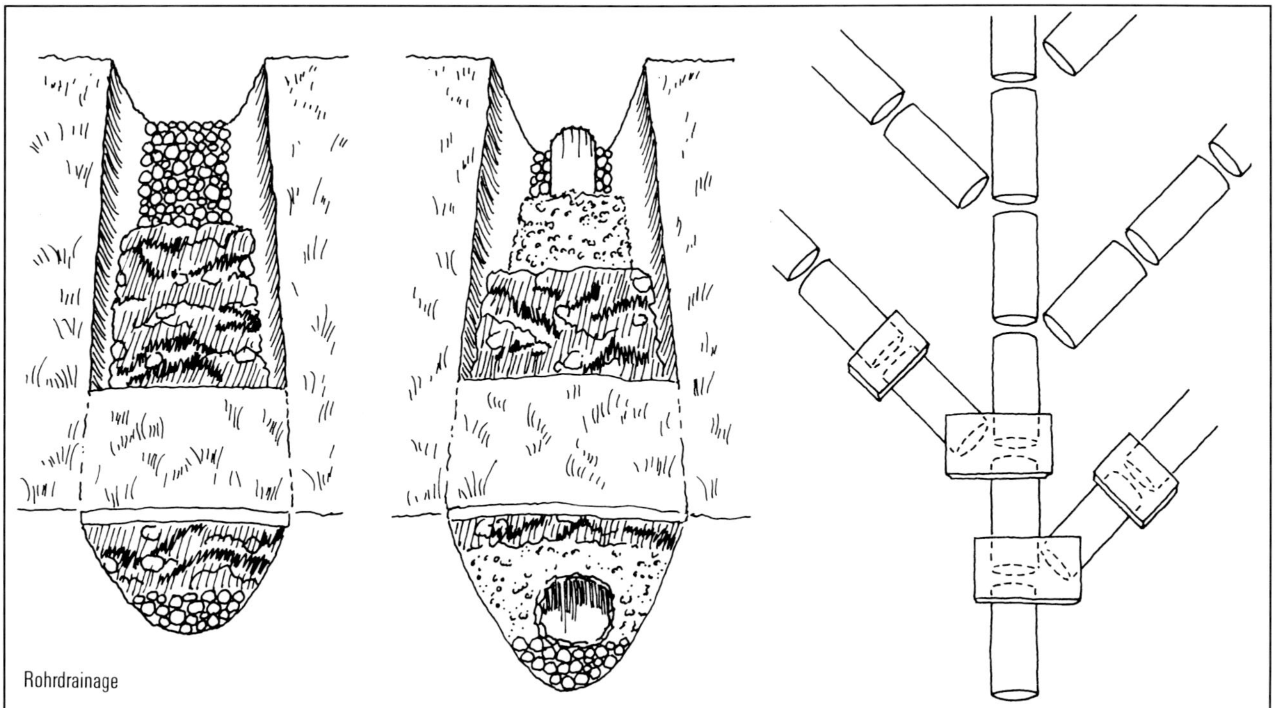

Rohrdrainage

Bodenpflege auf einen Blick

Jede Bodenart erfordert zur Gewinnung und Förderung einer guten Struktur jeweils für sie spezifische Pflegemaßnahmen. Gleich, welchen Boden Sie in Ihrem Garten vorfinden: die folgende Zusammenfassung hilft Ihnen dabei, das Beste daraus zu machen.

Tonböden

Die Bewirtschaftung von Tonböden ist nicht einfach. Bei Nässe sind sie kalt und schwer, bei Trockenheit hart und rissig. Bei richtiger Pflege kann Ton jedoch einer der fruchtbarsten Böden sein.

Organisches Material kann oberflächlich oder in die oberen Zentimeter eingebracht werden; verbindet sich mit Tonpartikeln zu festen Bodenkrümeln; verbessert die Entwässerung, Durchlüftung und Durchwurzelung; düngt den Boden; macht Tonböden leichter zu bearbeiten; muß gut verrottet sein. Bei Verwendung von frischem, nassem Material gibt es zwei Probleme: Ist der Ton darunter naß, dann trocknet er nicht ab; außerdem zerfällt das organische Material unter Sauerstoffabschluß zu einer schleimigen Masse.

Bearbeitung im Herbst, damit der Frost den Ton aufbrechen kann; nicht maschinell mit der Hackfräse, sondern von Hand bearbeiten, da sonst der Unterboden verdichtet wird.

Beete können auf bereits länger bestelltem Land angelegt werden (zum Lockern von verdichteten Böden); verhindern weitere Verdichtung, fördern die Entwässerung.

Gründünger lockern und durchlüften Tonböden; beseitigen überschüssiges Wasser; schützen die Bodenstruktur vor Verdichtung. Geeignet sind Saubohnen, Klee, Senf, Winterroggen, Winterwicken.

Mulchen schützt die Struktur; erhält im Sommer die Feuchtigkeit, der Boden wird weder trocken noch rissig; wärmt den Boden im Winter.

Feldfrüchte/Pflanzen Sollten zur Erhaltung der Bodenstruktur eng gesetzt werden. Geeignete Pflanzen s. Seite 18.

pH-Wert Kalk macht saure Böden alkalischer und trägt zur Krümelbildung bei. Die Struktur alkalischer und neutraler Böden läßt sich mit Kompost verbessern.

Fruchtbarkeit Wenn Tonböden eine gute Struktur haben, sind sie meist fruchtbar; eventuell sind Düngergaben auf neu erschlossenem Land nötig.

Entwässerung Tonböden müssen gut entwässert werden. Einige Tonböden besitzen von Natur aus eine gute Wasserführung, da sie kleine Risse haben und/oder über porösem Gestein wie Kreide oder Kalkstein liegen. Eine Drainage ist erforderlich, wenn der Boden verdichtet oder der Unterboden undurchlässig ist. Die Methoden: tiefgründig lockern; den Verdichtungshorizont aufbrechen; pro m^2 Land 2 Eimer Streusand einarbeiten; Hochbeete anlegen; eine Sickergrube graben; ein Entwässerungssystem anlegen.

Schluffböden

Die kleinen Partikel, aus denen Schluffböden bestehen, werden leicht zusammengepreßt. Auf diese Art entstehen Verdichtungshorizinte. Außerdem bindet Schluff Nährstoffe nicht so gut wie Ton.

Organisches Material trägt zu einer guten Krümelstruktur bei und verhindert Verdichtungen; verbessert die Entwässerung; düngt den Boden.

Bearbeitung beseitigt Verdichtungen; Schluffboden nicht betreten.

Beete verbessern in Verbindung mit Gründüngern und organischem Material die Struktur; fördern die Entwässerung; verhindern Verdichtungen.

Gründünger nehmen überschüssiges Wasser auf; durchlüften den Boden und verhindern die Verfestigung. Gründüngerpflanzen wie bei Tonböden.

Mulchen verhindert, daß die Bodenpartikel vom Regen ausgewaschen werden; schützt vor Verkrustung.

Feldfrüchte/Pflanzen Bodenbedeckung zum Schutz der Struktur. Geeignete Pflanzen s. Seite 18.

pH-Wert Ziel ist ein pH-Wert von 6,5–7,0, um Bodenorganismen und Pflanzen bei der Erhaltung der Struktur zu unterstützen.

Fruchtbarkeit Anfänglich kann zum Ausgleich von Nährstoffmangel zusätzliche Düngung nötig sein.

Entwässerung ist in Schluffböden meist schlechter als in Tonböden, da keine kleinen Risse vorhanden sind. Schluffpartikel können ausgewaschen werden und die Entwässerungsrohre verstopfen. Drainagemethoden: dieselben wie bei Tonböden.

Sandböden

In Sandböden läuft das Wasser gut ab, sie sind leicht zu bearbeiten und erwärmen sich im Frühjahr schnell. Auf ihnen können die Pflanzen tief wurzeln und früh reifen. Bei trockener Witterung können Sandböden jedoch schnell austrocknen, während sie bei Regen unter Nährstoffmangel leiden, denn das Wasser wäscht die wenigen verfügbaren Nährstoffe schnell aus. Organisches Material wirkt auf Sandböden Wunder, jedoch aus anderen Gründen als bei Tonböden.

Organisches Material düngt den Boden; bindet Nährstoffe, die sonst ausgewaschen würden; hält Wasser; verbessert die Struktur; kann oberflächlich zugegeben werden, da organisches Material nach kurzer Zeit in den porösen Boden gespült wird.

Bearbeitung beseitigt Verdichtungen; im Frühling, damit der Boden über den Winter bedeckt bleiben kann.

Beete neigen zum Verkrusten, deshalb organisches Material einarbeiten und das vorbereitete Saatbeet schützen; zu starke Entwässerung läßt sich mit flachen Beeten vermeiden; verhindern Verdichtung.

Gründünger Gründüngerreste vermehren organisches Material und Nährstoffgehalt; verhindern Nährstoffauswaschung und Erosion. Geeignet sind: Alfalfa (tiefwurzelnd/dürrebeständig), Buchweizen, Inkarnatklee, Lupine, Bienenfreund, Winterroggen.

Mulchen Feuchte Böden im Frühjahr mulchen, um Austrocknen zu verhindern; schützt den Boden im Winter vor Nährstoffauswaschung.

Feldfrüchte/Pflanzen Boden bedeckt halten, um ein Auslaugen des Bodens zu verhindern.

pH-Wert Da Sandböden schnell versauern, können Kalkgaben notwendig werden; den pH-Wert jährlich überprüfen, da der Kalk vom Regen ausgewaschen wird. Zuviel Kalk ist auf Sandböden gefährlicher als auf Tonböden.

Fruchtbarkeit Bei Neubewirtschaftung oder zum Ausgleich von Mängeln evtl. düngen. Regelmäßige Gaben organischen Materials verringern die Notwendigkeit von Düngung. Sandböden neigen zu Stickstoff- und Kaliummangel.

Entwässerung In den meisten Sandböden läuft das Wasser gut ab, ansonsten sind keine weiteren Maßnahmen erforderlich. Der Verdichtungshorizont in Podsolböden muß gelockert werden.

Moorböden

Moorböden, besonders Niedermoorböden, können bei richtiger Bearbeitung außerordentlich fruchtbar sein.

Organisches Material Zusätzliches organisches Material ist nur in geringen Mengen, wenn überhaupt, nötig. Die Wirkung von Mineralstoffen wird in diesen Böden von den organischen Stoffen überlagert.

Bearbeitung Wenn notwendig, dann im Frühjahr.

Saatbeete müssen nach Frost u. U. leicht verfestigt werden.

Beete unterstützen ausgezeichnet die Entwässerung dieser oft staunassen Böden.

Gründünger Dichte Bodenbedeckung, um Staunässe zu verringern; nimmt im Winter überschüssiges Wasser auf. Geeignet sind Saubohnen, Klee, Senf, Bienenfreund, Winterroggen.

Mulchen Feuchte Böden im Frühjahr mulchen, um Austrocknung zu verhindern. In Hitzeperioden ausgedörrte Moorböden nehmen nur schwer wieder Wasser auf.

Feldfrüchte/Pflanzen Geeignete Pflanzen s. Seite 18.

pH-Wert Bei Niedermoorböden evtl. pH-Korrektur. Moorböden müssen zur Anhebung des pH-Werts gekalkt werden, damit dort eine breite Palette von Pflanzen wachsen kann. Durch jährliche Gabe von kohlensaurem Kalk steigt der pH-Wert bis auf etwa 6,5. Überprüfen Sie jährlich, ob der erforderliche pH-Wert erreicht ist.

Fruchtbarkeit Manche Böden, vor allem Moorböden, brauchen evtl. zusätzliche Nährstoffgaben zum Ausgleich von Mängeln. Überprüfen Sie immer erst den pH-Wert, da saurer Boden die Nährstoffaufnahme verändert.

Entwässerung Moorböden sind anfällig für Staunässe. Mit Beeten wird die Entwässerung gefördert. Setzen Sie pro m^2 Land 2 Eimer Streusand zu. Legen Sie eine Sickergrube an. Bauen Sie ein Entwässerungssystem.

Kalk- und Kreideböden

Auf diesen alkalischen Böden wächst eine vielfältige Flora. Viele Pflanzen vertragen kalkhaltige Böden, und kalkliebende Zierpflanzen gedeihen dort besonders gut. Obst und Gemüse anzubauen kann allerdings schwierig werden. Beerenobst, das einen leicht sauren Boden bevorzugt, kann an Kalkchlorose (Vergilben der Blätter) erkranken. Diese Böden sind meist flachgründig, trocken, nährstoffarm, alkalisch und brauchen organisches Material.

Organisches Material erhöht die Bodentiefe; bindet Wasser; senkt den pH-Wert (Rasenschnitt, Dung); erhöht den Nährstoffgehalt; oberflächlich oder in die oberen Zentimeter geben; kein Pilzsubstrat verwenden.

Bearbeitung unabhängig von der Jahreszeit.

Beete erhöhen die Tiefe des Oberbodens; verhindern Stau von abfließendem kalkhaltigem Wasser.

Gründünger verhindern in Verbindung mit Beeten das Auswaschen des Bodens; düngen den Boden und vermehren das organische Material. Geeignet sind u. a. Alfalfa, Buchweizen, Sumpf-Hornklee, Winterroggen.

Mulchen bindet Wasser; im Frühling auf feuchte Böden auftragen; verhindert Auswaschen im Winter; wichtig zum Schutz des Bodens vor Regen, da kalkhaltige Böden nach starken Niederschlägen trocknen.

Feldfrüchte/Pflanzen Viele Pflanzen können erst nach einer pH-Wert-Anpassung gedeihen. Für diese Böden geeignete Pflanzen s. Seite 18.

pH-Wert Diese Böden brauchen nicht gekalkt zu werden. Liegt über dem Kalkstein Ton, dann lockern Sie ihn mit Gesteinsmehl. In regenreichen Gebieten wird das Calciumkarbonat manchmal ausgewaschen, so daß sich über dem Kalkstein eine dünne, saure Schicht bildet. Calcium kann mit tief wurzelnden Feldfrüchten und Gründünger heraufgeholt werden.

Fruchtbarkeit Nährstoffmängel ist oft auf die Alkalität des Bodens zurückzuführen.

Entwässerung Da diese Böden sehr porös sind, ist eine Drainage meist nicht nötig. Liegt Ton über dem Kalkstein, dann können Sie die Entwässerung fördern, indem Sie Streusand oder organisches Material einarbeiten.

Lehmböden

Diese Böden enthalten eine ausgewogene Mischung aus Sand, Schluff und Ton und können bei richtiger Pflege hervorragende Ernteerträge bringen. Folgende Punkte sollten Sie beachten:

Organisches Material erhält die gute Bodenstruktur; und düngt den Boden.

Bearbeitung nur bei Verfestigung.

Beete sorgen auf diesen Böden für die Erhaltung einer guten Struktur; auch Hochbeete sind geeignet.

Gründünger verbessern und erhalten die Bodenstruktur; düngen den Boden; binden die Nährstoffe in der obersten Schicht.

Mulchen schützt die Struktur.

Feldfrüchte/Pflanzen zum Schutz der Bodenstruktur in engen Abständen pflanzen; je nach pH-Wert gedeihen auf diesen Böden eine Vielzahl verschiedener Nutzpflanzen.

pH-Wert testen und bei Bedarf kalken.

Fruchtbarkeit Bei Mangelsymptomen düngen.

Entwässerung Wenn nötig, Vorrichtungen zur Entwässerung anlegen.

Bodenprobleme – eine Übersicht

PROBLEM	SYMPTOME	URSACHEN	BEHANDLUNG
Staunässe	Kleinwüchsige Wurzeln; verkümmerte Pflanzen; Würmer selten; graue Flecken im Bodenprofil; Geruch nach faulen Eiern; Pflanzen vergilben nach dem Winter und gehen ein; Regenpfützen auf der Oberfläche. Zeigerpflanzen: Schachtelhalm, Huflattich, Gänsefingerkraut.	Verdichtete Erde; schwerer Boden (Schluff/Ton); Moorboden; Verdichtungshorizont im Unterboden; hoher Grundwasserspiegel; niederschlagsreich.	Tiefgründig auflockern; organisches Material einarbeiten (nicht auf Moorböden), auch Sand eignet sich; Hochbeete anlegen. Den Boden mit Pflanzen bedeckt halten, um Wasser abzuführen und weitere Verdichtung zu verhindern. Rasenflächen zur Durchlüftung mit einer Hohlzinkengabel lockern; Abflußgräben anlegen; Entwässerungssystem einrichten.
Trockener Boden	Verwelkte Pflanzen; Kleinwüchsigkeit; Risse im Boden.	Sandboden; dünner Oberboden über Kreide und Kalkstein.	Organisches Material zuführen; Beete anlegen; den Boden mit tiefwurzelnden Pflanzen bedeckt halten, um Wasser nach oben zu holen. Boden bewässern und feuchten Boden mulchen, um Feuchtigkeit zu halten und Austrocknen zu verhindern.
Nährstoffmangel (1): Stickstoff	Kleinwüchsigkeit; vergilbte Blätter (vor allem ältere). Zeigerpflanzen: Hülsenfrüchte.	Stickstoffmangel. Boden ist nährstoffarm oder versauert; Nährstoffe werden vom Regen ausgewaschen; staunasser oder zu trockener Boden.	Kompost und Mist einarbeiten; Zusatzdünger, z.B. verarbeitete Handelsformen von: Blut, Fisch, Knochen, Hufen und Hörnern; Brennesseljauche; Hülsenfrüchte anbauen; Gründüngerpflanzen untergraben; Boden mulchen und Gründünger pflanzen, um Auswaschen zu verhindern; saure Böden kalken. Stickstoffzehrende im Wechsel mit stickstoffsammelnden Pflanzen anbauen.
Nährstoffmangel (2): Phosphat	Ältere Blätter sind dunkel und matt; rote Streifen in Mais und Weißem Gänsefuß; kleinwüchsige Wurzeln.	Phosphatmangel. Boden ist sauer oder stark alkalisch; Mangel an Mineralstoffen.	Organisches Material ausbringen; zusätzlich düngen, z. B. mit Handelsformen von Blut, Fisch, Knochen; Kompost dazugeben; saure Böden kalken; auf alkalischen Böden sauren Dung ausbringen.
Nährstoffmangel (3): Kalium	Blätter vergilben und verbrennen am Rand; wenige, kleinwüchsige Wurzeln, Blüten und Früchte; anfällig für Schädlinge und Krankheiten (z. B. Schokoladenfleckenkrankheit).	Kaliumkarbonatmangel durch Auswaschen aus gut entwässerten Böden, Stickstoff- oder Phosphatüberschuß; stark versauerte oder alkalische Böden.	Organisches Material ausbringen; mulchen, Gründünger anbauen, um Auswaschen zu verhindern. Falls erforderlich, den pH-Wert anpassen.
Nährstoffmangel (4): Calcium	Kleinwüchsigkeit; zusammengerollte, verdrehte Blätter mit schwarzen Flecken; Stengel und Wurzelspitzen sind braun; Triebspitzen von Tomaten sterben ab; Äpfel mit bitteren Kernen.	Calciummangel. Saurer Boden. Moorboden. Starke Regenfälle.	Zuerst mit pH-Wert-Test sicherstellen, daß es sich um keine Erkrankung handelt, erst dann kalken.
Nährstoffmangel (5): Magnesium	Blätter vergilben zwischen den Adern, die älteren Blätter zuerst.	Magnesiummangel durch sauren Boden, starke Regenfälle oder zu hohen Kaliumgehalt.	Organisches Material und Dolomitkalk einarbeiten. Mulchen und Gründüngung, um zu verhindern, daß Nährstoffe ausgewaschen werden.
Nährstoffmangel (6): Spurenelemente	Pflanzen zeigen zahlreiche unterschiedliche Symptome.	Mangel an Spurenelementen verursacht durch stark alkalischen Boden oder Überdüngung.	Organisches Material mit Spurenelementen einarbeiten. Gründünger aussäen, um eine Mulchschicht zu bekommen. Algen, Algenkalk oder Regenwurmkompost ausbringen.

PROBLEM	SYMPTOME	URSACHEN	BEHANDLUNG
Dünne Oberboden-schicht	Eingeschränktes Wurzelwachstum; bei Dürre weisen Konzentrationen von vergilbten Pflanzen auf Stellen mit flachem Boden hin.	Lage: Flache Böden finden sich häufig in höheren Lagen, auf Hügelrücken, an Hängen und auf Felsgestein.	Organisches Material zugeben; Beete/Hügelbeete anlegen; Gründünger anbauen. Mulchen: Flache Böden in höheren Lagen bekommen meist sehr viel Wasser und müssen gemulcht werden, um Nährstoffverluste zu verhindern. In tiefen Lagen sind flache Böden eher anfällig für Trockenheit und müssen in feuchtem Zustand gemulcht werden, um das Wasser zu halten.
Steiniger Boden	Große Steine in der Erde.		Organisches Material einarbeiten. Beete/ Hügelbeete anlegen; Gründünger anbauen. Einige Kalkböden sind sehr steinig. Versuchen Sie nicht, alle Steine zu entfernen, was ohnehin ein sinnloses Unterfangen wäre.
Saurer Boden	Kleinwüchsige Pflanzen; manche haben fleckige Blätter; aufgeplatzte Früchte; „Pickel" an Bäumen. Kohlhernie	Die krankheitsähnlichen Symptome werden durch Nährstoffmangel ausgelöst, den der saure Boden verursacht.	Kalkdüngung; Pilzsubstrat einrechen.
Alkalischer Boden	Kleinwüchsige Pflanzen; Blätter bleichen aus; Kartoffeln anfällig für Schorf.	Die krankheitsähnlichen Symptome werden durch die Nährstoffmängel ausgelöst, die der alkalische Boden verursacht.	Den pH-Wert durch Zugabe von saurem Kompost und Mist senken.
Schwer zu bearbeitender Boden	Erde haftet an Spaten und Gabel.	Ton- oder Schluffboden.	Mit organischem Material die Struktur verbessern; Verdichtungen durch tiefgründiges Auflockern aufbrechen; Beete anlegen; Gründünger aussäen; zum Schutz der Struktur den Boden mit entsprechendem Fruchtwechsel und durch Mulchen bedeckt halten. Kalk (wenn sauer) oder sauren Kompost (wenn neutral/alkalisch) zugeben.
Küstengebiete	Schlechtes Wachstum; windschiefe, verbrannte Pflanzen.	Salzhaltige Gischt; starke Winde.	Für Küstenregionen geeignete Pflanzen anbauen; organisches Material einarbeiten; Windschutz (Hecke) anlegen, um starken Wind und salzhaltige Gischt fernzuhalten.
Verdichtung	Schlechtes Pflanzenwachstum; unterentwickelte, flache Wurzeln. Kommt auf allen Bodenarten vor. Die Symptome sind dieselben wie bei Staunässe und Dürre, da die Wurzeln den Verdichtungshorizont nicht bis zum Wasser hin durchdringen können.	Druck auf den Boden durch Begehen, Maschinenbearbeitung oder Regen. Manche Verdichtungsschichten werden durch lösliche Salze verursacht, die sich zwischen Mutter- und Unterboden ablagern (Podsol).	Die verfestigte Schicht lockern; Beete anlegen; weitere Verdichtung durch Zugabe von organischem Material und Anbau von Gründüngern verhindern; die Oberfläche mit Mulch, Gründünger oder Nutzpflanzen schützen.
Sehr sandiger Boden	Schwache Keimung; kümmerlicher Wuchs; kaum Wasser und Nährstoffe vorhanden.	Große Abstände zwischen den Bodenteilchen. Ähnliche Symptome finden sich auf allen Böden nach Frost.	Mit organischem Material die Bildung von Krümeln und kleinen Poren für das Wasser fördern. Mulchen und Gründünger anbauen. Die durch den Frost gelockerten Beete festigen und organisches Material beimengen.
Kein Oberboden	Kümmerliches Wachstum.	Häufig in Gärten von Neubauten, wo der Oberboden abgetragen oder tief untergegraben wurde.	Organisches Material zugeben; mit organischen Materialien mulchen; Gründünger aussäen; Beete anlegen; Geduld!

Anschriften

Institute für Bodenanalysen

Pflanzenschutzamt Berlin
Altkircherstr. 1–3
1000 Berlin 33

Institut für angewandte Botanik
Marseiller Str. 7
2000 Hamburg 36

Landwirtschaftliche Untersuchungs-
und Forschungsanstalt
der Landwirtschaftskammer Schleswig-Holstein
Gutenbergstr. 75–77 2300 Kiel 1

Niedersächsisches Landesamt für Bodenforschung
Außeninstitut für Moorforschung und angewandte
Bodenforschung
Friedrich-Mißler-Str. 46–48
2800 Bremen 1

Hochschule Bremerhaven
Institut für Umweltmeßtechnik
Columbusstr. 2
2800 Bremerhaven

Landwirtschaftliche Untersuchungs- und
Forschungsanstalt
Mars-la-Tour-Str. 4
2900 Oldenburg

Bodenuntersuchungsinstitut Koldingen
Holländerei 22
3017 Pattensen 1

Landwirtschaftliche Untersuchungs- und
Forschungsanstalt
Finkenborner Weg 1a
3250 Hameln 1

Hessische Landwirtschaftliche Versuchsanstalt
Landwirtschaftliches Untersuchungsamt
Am Versuchsfeld 13
3500 Kassel-Harleshausen

Landwirtschaftliche Untersuchungs- und
Forschungsanstalt der Landwirtschaftskammer
Westfalen-Lippe
Schorlemerstr. 26
4400 Münster

Landwirtschaftliche Untersuchungs- und
Forschungsanstalt der Landwirtschaftskammer Rheinland
Weberstr. 59–61
5300 Bonn 1

Landeslehr- und -versuchsanstalt
Egbertstr. 18
5500 Trier

Geologisches Landesamt Rheinland-Pfalz
Emmeranstr. 36
6500 Mainz

Landwirtschaftliche Untersuchungs- und
Forschungsanstalt Speyer
Obere Langgasse 40
6720 Speyer

Landesanstalt für Landwirtschaftliche Chemie
der Universität Hohenheim
Bodenabteilung
Emil-Wolff-Str. 14
7000 Stuttgart 70

Staatliche Landwirtschaftliche Untersuchungs- und
Forschungsanstalt Augustenberg
Neußlerstr. 23
7500 Karlsruhe 41

Bayerische Landesanstalt für Bodenkultur und
Pflanzenbau
Menzingerstr. 54
8000 München 19

Bayerische Landesanstalt für Bodenkultur
und Pflanzenbau
Vöttinger Str. 38
8050 Freising

Landwirtschaftliches Untersuchungsamt Würzburg
Luxburgstr. 4
8700 Würzburg

Bayerische Landesanstalt für Bodenkultur
und Pflanzenbau
Liebigplatz 11
8900 Augsburg

Boden- und Umwelttests

Komplette Umweltkoffer zum Test unter anderem auch wichtiger Kernwerte im Boden, so der Versorgung mit Nährstoffen, bieten folgende Firmen an:

Greenpeace-Schadstofftester:
Greenpeace Umweltschutz-Verlagsgesellschaft
Hohe Brücke 1
2000 Hamburg 11

Merck Bodenlabor „Agroquant“:
Firma Merck
Frankfurter Str. 250
6100 Darmstadt

VdSF-Kompaktlabor:
Vertriebsgesellschaft des Verbandes deutscher
Sportfischer
Bahnhofstr. 35
6050 Offenbach

Test 2000 Ökologie:
Franckh'sche Verlagshandlung
Postfach 640
7000 Stuttgart 1

Für den speziellen Bedarf empfiehlt sich die preisgünstigere Beschaffung einzelner Teststäbchen oder Chemikalien bei den genannten Adressen

Register